Barbara Stühlmeyer
Hildegard von Bingen

topos taschenbücher, Band 868
Eine Produktion des Lahn-Verlags

Barbara Stühlmeyer

Hildegard von Bingen

Leben – Werk – Verehrung

topos taschenbücher

Verlagsgemeinschaft topos plus
Butzon & Bercker, Kevelaer
Don Bosco, München
Echter, Würzburg
Lahn-Verlag, Kevelaer
Matthias Grünewald Verlag, Ostfildern
Paulusverlag, Freiburg (Schweiz)
Verlag Friedrich Pustet, Regensburg
Tyrolia, Innsbruck

Eine Initiative der Verlagsgruppe engagement

Bibliografische Information der Deutschen Nationalbibliothek
Die Deutsche Nationalbibliothek verzeichnet diese Publikation in der Deutschen Nationalbibliografie; detaillierte bibliografische Daten sind im Internet über http://dnb.d-nb.de abrufbar.

Einband- und Reihengestaltung | Finken & Bumiller, Stuttgart
Satz | SATZstudio Josef Pieper, Bedburg-Hau
Herstellung | Friedrich Pustet, Regensburg
Printed in Germany

ISBN: 978-3-8367-0868-5
www.topos-taschenbuecher.de

Inhalt

Ein Wort zuvor

Hildegard begleitet mein Leben nun schon seit mehr als drei Jahrzehnten. Zum ersten Mal bin ich ihr in meiner Lieblingsbuchhandlung in Bremen begegnet. Dort stand in dem kleinen Laden neben der katholischen Propsteikirche ein Band mit der Aufschrift „Lieder". Dieses Buch, voll mit Kompositionen einer Nonne, die im 12. Jahrhundert gelebt hatte, weckte mein Interesse. Ich hatte damals schon meine Liebe zum Gregorianischen Choral entdeckt, jenem der Kirche eigenen Gesang, in dem Wort und Ton zu einer so unübertroffenen Einheit verschmelzen. Die Gesänge des Chorals sind in der Regel nicht mit einem Komponistennamen verbunden. Bei Hildegards Gesängen war dies anders. Das erschien mir spannend, und ich kaufte das Buch. In meinem Kirchenmusikstudium spielten die Kompositionen Hildegards keine Rolle; als ich aber in meinem Musikwissenschaftsstudium nach einem Promotionsthema suchte, holte ich den Band wieder hervor. Seitdem habe ich Unmengen von Büchern über Hildegard und das Mittelalter gelesen. Ich habe versucht, so genau wie möglich zu verstehen, wie die Menschen im 12. Jahrhundert lebten, was ihnen wichtig war, welche Sehnsüchte sie hatten und wie ihr Alltag funktionierte. Dabei habe ich vor allem eines gelernt: Es ist unmöglich, einen Menschen außerhalb seiner Zeit zu verstehen. Deshalb werden Sie in dieser Biografie nicht nur etwas über Hildegard von Bingen lesen, sondern auch etwas über die Zeit lernen können, in der sie lebte. Hildegard ist eine Heilige, eine Kirchenlehrerin, Theologin, Komponistin und Heilkundige, aber sie ist nicht vom Himmel gefallen. Sie ist in einem konkreten Jahr an einem konkreten Ort geboren und hat mit den Menschen ihrer Zeit gelebt. Wenn wir begreifen, wie es damals zuging, werden wir auch Hildegard besser verstehen. Wir entgehen so der Gefahr, unsere eigenen Wünsche und Vorstellungen auf sie zu projizieren und haben die Chance, etwas von ihrem wirklichen Wesen wahrzunehmen. Wenn uns das gelingt, kann sie zu einer Begleiterin werden, die unser Leben prägt und verwandelt.

Barbara Stühlmeyer

Wer war Hildegard? – Eine Einführung

Hildegard und ihre Zeitgenossen

Wirft man einen Blick in das 12. Jahrhundert, begegnet man verschiedenen Persönlichkeiten, deren Denken und Handeln den Geist dieses Jahrhunderts geprägt haben. Da ist Bernhard von Clairvaux, zugleich Mystiker und politisch aktiver Mönch, dessen Predigten maßgeblich zur Verbreitung der Kreuzzugsidee und ihrer Verwirklichung beigetragen haben.

Da ist Petrus Abaelard, der geniale Dialektiker, dessen unbeirrbare und zutiefst ehrliche Konsequenz im Denken das Studium der Theologie unwiderruflich verändert hat. Da ist Friedrich Barbarossa, der aus politischer Notwendigkeit heraus eine jahrzehntelange Spaltung der Kirche verursachte. Derselbe Barbarossa schickte aber auch Gerhard von Cremona, einen italienischen Gelehrten, ins spanische Toledo, um ihn dort den griechischen Aristoteles aus einem arabischen Zwischentext ins Lateinische übersetzen zu lassen – ein bildungspolitischer Vorgang von mehr als europäischer Relevanz. Da ist Eleonore von Aquitanien, die als Frau des Königs von Frankreich am Zweiten Kreuzzug teilnahm, dann Heinrich, den späteren König von England, heiratete: Sie war eine Machtpolitikerin ersten Ranges und zugleich Förderin der Künstler. Und da ist Hildegard von Bingen, die auf die eine oder andere Weise mit all diesen Persönlichkeiten in Kontakt war und zugleich selber zutiefst prägend auf den Geist ihrer Zeit gewirkt hat.

Mystik und visionäre Begabung sind, wie Josef Sudbrack betont hat, „bis in die Wurzeln hinein geprägt von den kulturellen und religiösen Voraussetzungen des Mystikers", der Mystikerin. Doch kann man Hildegard von Bingen überhaupt als Mystikerin bezeichnen? Geht man vom griechischen Wort myein, das schauen bedeutet, aus, könnte man die Frage bejahen, denn die Gabe der Schau ist das besondere Wesensmerkmal Hildegards. Allerdings unterscheidet sich ihre Erfahrung grundlegend von derjenigen der Mystikerinnen des 13. Jahrhunderts, aber auch von der ihrer Zeitgenossin Elisabeth von Schönau. Hildegard erlebt ihre Visionen nicht in Ekstase, und das Ziel ist auch nicht die Vereinigung der Seele mit ihrem himmlischen Bräutigam – ja, man kann sagen, dass ihre Visionen weniger ein Ziel als vielmehr einen Zweck haben. Der Auftrag, der an sie ergeht, heißt: „Sage und schreibe, was du siehst und hörst." Man hat Hildegard von Bingen mit den Propheten und Prophetinnen des Alten Testamentes verglichen, weil sie aus dem Schauen heraus zur Mahnerin auch in politischen Belangen wurde.

Mystikerin, Visionärin, Prophetin? Die beiden letztgenannten Begriffe werden Hildegard wohl am ehesten gerecht. Visionärin deshalb, weil es ein Begriff der lateinischen Sprache ist, in der Hildegard schreibt und in der ihre theologischen Gedanken Form gewinnen. In der Forschung war ja eine Zeit lang umstritten, wie hoch ihr persönlicher Anteil an den theologischen Werken gewesen sei. Begründet wurde dies unter anderem damit, dass ihr Latein archaisch ist, nicht elegant wie das Ciceros oder Senecas, auch nicht gewandt wie das Abaelards oder ihres späteren Sekretärs Wiberts von Gembloux. Hildegard hat die lateinische Sprache anhand der Gebete der Tagzeitenliturgie gelernt. Das war für eine angehende Klosterfrau ebenso praktisch wie unumgänglich. Schließlich wollten die Männer und Frauen des Mittelalters ja verstehen, was sie da Tag für Tag beteten. Wenn aber der Psalter das lateinische ABC Hildegards war, dann ist es nur folgerichtig, dass sie von seiner archaischen Struktur, seinen archetypischen Bildwelten und seinem emotionalen Facettenreichtum zutiefst geprägt wurde. „Sprachstrukturen", so sagt Josef Sudbrack, „drücken Denkstrukturen aus; Denkstrukturen beruhen auf Erfahrungsstrukturen." Und Hildegards Erfahrungsstruktur war die einer von den Gesetzen der lateinischen Sprache geprägten Umgebung. Theologisches Denken vollzog sich zwangsläufig in lateinischer Sprache, weil es im lateinisch gesungenen und gesprochenen Gebet wurzelte. Und auch der theologische Diskurs, der sich ganz selbstverständlich europaweit unter den Gelehrten entfaltete, bediente sich natürlich der Lingua franca der Kirche. Prophetin zu sein, das ist für Hildegard die Folge ihrer Visionen. Sie selbst bezeichnet sich als eine Posaune, die tönt, weil ein anderer in sie hineinbläst. Sie gleicht darin dem heiligen Paulus, der sagt, es sei nicht sein Verdienst, wenn er das Wort verkündige, denn es liege ein Zwang auf ihm. Diese Zwangsläufigkeit, dieses Sprechen aus der Berufung heraus ist, so glaube ich, ein Grund für die Faszination, die Hildegard auf uns Heutige ausübt, die wir, alles Gebotene skeptisch beäugend, dennoch nach zuverlässiger Orientierung Ausschau halten. Hildegard würde dies mit „Ausrichtung auf das lebendige Licht hin" übersetzen.

Schauend lesen lernen

Hildegard fasziniert uns, aber sie bereitet uns zugleich auch Schwierigkeiten. Ihre Sprache ist keineswegs leicht zu verstehen, und das liegt nicht nur an den mehr als 800 Jahren, die uns von ihr trennen. „Hildegard", so sagt Heinrich Schipperges, der viele ihrer Schriften übersetzt hat, stellt „niemals ein fest umrissenes Begriffswerkzeug zur Verfügung …, sondern immer nur Bildzeichen, die wiederum auf großräumige Bedeutungsfelder weiterweisen, in denen die Zeichen sich von Augenblick zu Augenblick neu zum Bild kristallisieren". Ihre Werke sind nicht nur eine Frucht ihrer Schau, sie erfordern auch eine andere Art der Lektüre als die rein intellektuelle. Wir müssen, wenn wir ihre Schriften verstehen wollen, lernen, mit weichem Fokus zu lesen, auf die Forderung zu verzichten, dass ein Begriff immer ein und dasselbe bedeutet. Wir müssen lernen, die Worte in ihren Werken ähnlich wie ein Kaleidoskop wahrzunehmen, in dem die leuchtend bunten Steinchen sich zu immer neuen, immer schönen und sinnvoll erscheinenden Zusammenhängen gruppieren. Ebenso wenig, wie die Begriffe in ihren Schriften eindeutig festlegbar sind, lässt sich aus ihren Bildern und Vergleichen eine psychologische Systematik konstruieren. Die Bedeutung eines Begriffes und der damit verbundenen Bilder ergibt sich stets aus dem Umfeld. Aber es gibt drei ihr Werk durchziehende, benennbare Bedeutungsfelder, die uns als Wegweiser dienen können. Das erste begegnet uns in dem Wort Vita, das übersetzt Leben heißt, bei Hildegard aber auch für Gott steht, Sein und Liebe bedeutet. Von diesem Wort abgeleitet sind Virtus, Virilitas und Viriditas.

Virtus, das gemeinhin mit Tugend übersetzt wird, hat bei Hildegard zugleich die Bedeutung Gotteskraft und Herzenskraft. Sie versteht die Virtutes als intelligible Essenzen, die von Gott ausgehen und im Menschen wirken, wenn er es zulässt. Virilitas meint bei Hildegard nicht die geschlechtsspezifische männliche Kraft, sondern dynamische Aktivität.

Viriditas heißt eigentlich einfach: das Grün. Bei Hildegard wird es zum Bedeutungsträger für Lebenskraft, die Lebensfrische der Seele, die geistige Tiefe der Menschen, die Gnadenkraft des Heiligen Geistes. Das zweite Bedeutungsfeld begegnet uns in dem Wort Verbum. In den Visionen und Gesängen steht es für Gottes Wort ebenso wie für Christus, das fleischgewordene Wort, das in der Welt verstanden, gespürt und geschmeckt wird. Dem Verbum zugeordnet sind Sapientia, Scientia und Discretio. Sapientia, die Weisheit, meint ebenfalls Christus, hervorgegangen aus dem Herzen des Vaters. In dieser Sapientia wird nach Hildegard das Werk getan, in dem Freude empfunden wird. Scientia, die Wissenschaft, bedeutet Erkenntniskraft, geistige Handlung: Dies meint die Fähigkeit des Menschen, aus der Mitte seiner Person heraus das Gute zu erkennen und sich dafür zu entscheiden. Die Discretio, ein Schlüsselbegriff auch für die Regula Benedicti, nach der Hildegard lebte, ist das Prinzip der natürlichen und sittlichen Maßhaltung. Das dritte Bedeutungsfeld finden wir in dem Wort Opus. Enthält bereits das Lexikon neben der Grundbedeutung Werk eine Palette von Aktivität darstellenden Begriffen, so steht es bei Hildegard für die Fülle des schöpferischen Wirkens von Gottes Wort. Verbunden damit ist das Wirken des

Menschen, der als Operarius berufen ist, Mitschöpfer zu sein. Hier wird die zentrale Stellung deutlich, die der Mensch in Hildegards Theologie einnimmt. Er steht, wie Hildegard im „Liber divinorum operum", dem Buch vom Wirken Gottes, schreibt, „mitten im Weltenbau ... Denn er ist bedeutender als alle übrigen Geschöpfe, die abhängig von jener Weltstruktur bleiben. An Statur ist er zwar klein, an Kraft seiner Seele jedoch gewaltig. Sein Haupt nach aufwärts gerichtet, die Füße auf festem Grund, vermag er sowohl die oberen als auch die unteren Dinge in Bewegung zu versetzen. Was er mit seinem Werk in rechter oder linker Hand bewirkt, das durchdringt das All, weil er in der Kraft seines inneren Menschen die Möglichkeit hat, solches ins Werk zu setzen."

Hildegard von Bingen, eine Frau ihrer Zeit, Visionärin und Prophetin, wer war diese Frau, wie hat sie gelebt?

Das Umfeld verstehen

Heilige „wachsen" nicht im luftleeren Raum. Sie leben wie Sie und ich in einem bestimmten gesellschaftlichen Umfeld, das ihre Handlungen beeinflusst und gleichzeitig hilft, sie zu deuten. Heilige sind wie die Farben des göttlichen Lichtes, das sie durch das Prisma ihres irdischen Lebens zum Leuchten bringen. Man versteht ihr Denken und Handeln deshalb leichter und besser, wenn man ein wenig über die Zeit erfährt, in der sie gelebt haben. Hildegard von Bingen ist 1098 in Bermersheim bei Alzey geboren. Ein Jahrtausendwechsel ist immer eine spannende Angelegenheit. Viele von Ihnen erinnern sich vielleicht noch daran, welche Spekulationen und sogar Ängste sich mit der Wende vom Jahr 1999 zum Jahr 2000 verbanden. Im Mittelalter war dies nicht anders. Rund hundert Jahre zuvor hatten nicht wenige sogar das Ende der Welt vorhergesagt, doch das Leben war weitergegangen. Im Jahr von Hildegards Geburt war es sogar in besonderer Weise in Bewegung. 1096 hatte Papst Urban II. auf einem Feld nahe Clermont zum Kreuzzug aufgerufen. Was diplomatisch durch eine Frankreichreise wohl vorbereitet war und eigentlich eine bestimmte Bevölkerungsschicht, nämlich die Ritter, ansprechen sollte, entwickelte sich, ohne dass irgendjemand dies geplant oder gewollt hätte, zu einer Massenbewegung, der sich sogar Frauen und Kinder anschlossen. Viele, die zu Hause ohnehin nichts hielt, die etwa als nachgeborene Söhne kein Erbteil zu erwarten hatten oder die ein Verbrechen verübt und deshalb einen guten Grund hatten, sich eine Weile aus dem Staub zu machen, ließen sich angesichts des Versprechens, durch die Teilnahme am Kreuzzug aller Sünden ledig zu werden und ganz gewiss in den Himmel zu kommen, nicht lange bitten und machten sich auf den Weg nach Jerusalem. Dass dies nicht um die Ecke lag, merkten die Ersten spätestens in Ungarn, als die Versorgung der mitwandernden Massen schwierig zu werden begann und sich die christlichen Brüder und Schwestern dort keineswegs erbaut zeigten, als die Kreuzfahrer zu plündern begannen, sondern sich vielmehr tatkräftig wehrten.

Die Unruhe, die dieser Kriegszug im Namen des Kreuzes, bei dem das Risiko, dass er aus dem Ruder laufen könnte, ein steter Reisebegleiter war, verbreitete sich auch in Deutschland und in der näheren Umgebung der Familie Hildegards. Einige, die losgezogen waren, um die Ungläubigen im Heiligen Land zu töten, kamen auf den Gedanken, dass es doch auch hierzulande Ungläubige gebe. Warum also in die Ferne schweifen und eine mühselige Reise auf sich nehmen, wenn man die Juden schon in der nächsten Stadt antreffen konnte. Manch ein vorgeblich frommer Kreuzfahrer entledigte sich bei diesen Übergriffen gleich der Schulden, indem er seinen Kreditgeber ermordete. Nun standen die Juden in vielen Städten unter dem Schutz der Bischöfe, denen sie ebenfalls mit Krediten aushalfen. Viele Bischöfe versuchten, die ihnen Anbefohlenen zu retten, aber nicht immer gelang dies. König Heinrich IV. ging gegen den Mainzer Bischof Ruthard vor, weil dieser Oberhirte sich nicht engagiert genug gezeigt hatte. Daraufhin lebte Ruthard für eine Weile in Thüringen, wo er die Opposition gegen den König mit organisieren half. Denn auch der gesalbte Herrscher selbst war eine höchst umstrittene Person. Von Papst Gregor VII. exkommuniziert, war er erst nach seinem Gang nach Canossa wieder in die Kirche aufgenommen worden. In Canossa hatte er drei Tage barfuß, nur mit einem Büßerhemd bekleidet, im Schnee ausharren müssen, bevor er vom Papst empfangen worden war. Seinen erstgeborenen Sohn und designierten Nachfolger Konrad ließ er mit Zustimmung der Fürsten enterben, um seinem 1086 geborenen Sohn Heinrich V. das Königtum zu übertragen.

All dies waren existenziell wichtige politische Informationen, die in der Familie Hildegards, die dem Adelsstand angehörte, mit Sicherheit diskutiert wurden. Die Eroberung der heiligen Stadt Jerusalem durch die Kreuzfahrer zwei Jahre nach Hildegards Geburt wird auch Hildebert und Mechthild von Bermersheim bewegt haben. Die adeligen Familien des Reiches waren eng miteinander vernetzt, und fast jeder kannte einen oder mehrere der beteiligten Kreuzfahrer persönlich. Der selbstverständliche Umgang, den Hildegard als Äbtissin mit Fürsten, Königen, Bischöfen und Päpsten pflegen wird, hat seine Wurzeln in ihrer Kindheit. Sie ist in diese Art, Gespräche zu führen, politische Entwicklungen wahrzunehmen und zu bewerten, hineingewachsen. Sie waren ihr nicht fremd, sondern bildeten vielmehr ein natürliches Netzwerk, innerhalb dessen Hildegard aufwuchs.

Lebenslauf

Eine Kindheit mit Licht und Schatten

Hildegard beschreibt ihre Kindheit und Jugend als durchaus ambivalent. Als zehntes Kind von Hildebert und Mechthild von Bermersheim wuchs sie in einer großen, lebendigen Familie auf. Wie in adeligen Kreisen üblich, hatte sie eine Amme, die für ihre Betreuung zuständig war. Schon als kleines Kind sah Hildegard ein überhelles Licht, das sie später immer als das lebendige Licht bezeichnen wird und das kennzeichnend für ihre besonders intensive Form der Gottesbegegnung ist. Während die Schau des lebendigen Lichtes seltener war, lebte sie von Kindheit an beinahe ständig in dem, was sie den „Schatten des lebendigen Lichtes" nannte. In diesem Lichtschatten leuchteten ihr, wie sie es beschreibt, die Werke bestimmter Menschen auf.

Wir würden das, was Hildegard erlebte, heute vielleicht als Wahrnehmung der Tiefenschichten einer Persönlichkeit bezeichnen. Hildegard sah nicht nur die Taten der Menschen, sie war sich auch über ihre Motive im Klaren. Sie blieb, wenn ihr jemand etwas sagte, nicht an der Oberfläche der Worte hängen, sondern spürte die eigentliche Botschaft heraus. Es war für sie offensichtlich, wenn jemand scheinbar freundlich war, in Wirklichkeit aber aus Neid ein vergiftetes Kompliment überbrachte. Sie sah und hörte einfach mehr als andere, und das machte ihr Angst. Irgendwann stellte sie nämlich fest, dass ihre Form der Wahrnehmung keineswegs allgemein verbreitet, sondern ihr allein gegeben war. Wir wissen nicht genau, wie der Prozess dieser Erkenntnis verlief. Überliefert ist lediglich, dass sie bei einem Spaziergang mit ihrer Amme eine trächtige Kuh auf der Weide sah und der Amme die Blessen des Kälbchens beschrieb. Zunächst tat die Kinderfrau dies sicherlich, wie Erwachsene es für gewöhnlich tun, wenn Kinder etwas Hellsichtiges sagen, als fantasievolle Erzählung ab. Als das

Kalb jedoch geboren worden war und genau so aussah, wie Hildegard es beschrieben hatte, berichtete sie Hildebert und Mechthild davon. Bestimmt hatten die Eltern selbst auch schon beobachtet, dass ihr jüngstes Kind andere Verhaltensweisen zeigte, als sie es von ihren anderen neun Söhnen und Töchtern gewohnt waren. Vielleicht hatte sie den Tod eines fernen Verwandten gespürt, vielleicht ungewöhnliche Kommentare über das Benehmen von Gästen gemacht. In jedem Fall warf die Tatsache, dass sie offenbar als Einzige über diese Tiefenwahrnehmung verfügte, einen Schatten auf das Leben der kleinen Hildegard. Das lebendige Licht zu sehen, war zwar eine überwältigend schöne Erfahrung. Aber die Erkenntnisse, die ein Leben im Schatten dieses Lichtes mit sich brachte, bewirkten auch, dass sie sich unter dem Einfluss ihrer Vision ungewöhnlich benahm, kindlicher, als es ihrem Alter entsprach. Oft weinte sie dann, wenn die Vision vorbei war, weil sie sich schämte, von dem erzählt zu haben, was sie hörte und sah. Dazu kamen längere Phasen der Krankheit, die Hildegard immer wieder durchmachte. Sie hatte ganz offenkundig eine zarte, keineswegs robuste Konstitution, war anfällig für Erkrankungen der verschiedensten Art und schien mehr als Odilia, Clementia, Hugo oder Roricus, wie diejenigen ihrer Geschwister hießen, die wir namentlich kennen, eines geschützten Raumes zu bedürfen, in dem sie sich angemessen entfalten konnte. Es lag also für Hildebert und Mechthild durchaus nahe, ihre jüngste Tochter für ein Leben im Kloster zu bestimmen.

Im Mittelalter war es ganz natürlich, dass in einer Familie mit zahlreichen Kindern eines oder mehrere einen geistlichen Beruf ergriffen, also Priester, Mönch oder Nonne wurden. Die mittelalterliche Gesellschaft war arbeitsteilig organisiert. Es gab diejenigen, die arbeiteten, wie Bauern, Bäcker oder Handwerker, es gab diejenigen, die kämpften und dafür sorgten, dass die Bevölkerung vor den Angriffen von Feinden geschützt wurde, also die Ritter, und es gab diejenigen, die beteten und damit für das Seelenheil ihrer Familie, ihres Dorfes oder ihrer Stadt Verantwortung übernahmen. Für adelige Familien gehörte es einfach dazu, dass ein Mann oder eine Frau aus der Familie sein oder ihr Leben dem Gebet widmete und so dazu beitrug, allen anderen den Weg in den Himmel zu ebnen. So, wie man den zehnten Teil seiner Erträge der Kirche spendete, widmete auch mindestens einer aus der Familie sein Leben ganz dem Gottesdienst. So war es auch für Hildebert und Mechthild von Bermersheim selbstverständlich, für ihre Kinder auch eine geistliche Laufbahn in Betracht zu ziehen. Ob Roricus wirklich Kanoniker in Trier wurde oder doch die Leitung des elterlichen Anwesens übernahm, wird in der Forschung derzeit noch diskutiert. Clementia aber wurde, wie wir aus den Unterlagen des Klosters Rupertsberg wissen, Nonne in Hildegards Konvent, und Hildegards Bruder Hugo wurde Priester und leitete als Kantor am Mainzer Dom die dortige Schule. Hildegards besondere Sensibilität ließ es selbstverständlich erscheinen, auch für sie ein Leben im Kloster anzustreben. Dennoch übergaben Hildegards Eltern sie nicht gleich als Kinderoblatin einem Konvent, was rechtlich durchaus möglich gewesen wäre. Sie entschieden sich vielmehr, sie gemeinsam mit ihrer Verwandten, Jutta von Sponheim, von einer frommen und gebildeten Witwe, Uda von Göllheim, erziehen zu lassen.

Diese Option war klug gewählt. Sie ließ offen, ob Hildegard danach in ein Kloster eintreten oder heiraten würde, bereitete sie aber zugleich auf ein geistliches Leben vor. Zudem hatte Hildegard hier einen überschaubaren Schutzraum, in dem sie mit Menschen zusammenlebte, die von ihrer besonderen Begabung wussten. Sie brauchte sich nicht innerhalb einer neuen, fremden Gemeinschaft zu rechtfertigen oder ihr Verhalten zu erklären, was ihre ohnehin vorhandenen Ängste mit Sicherheit verstärkt hätte.

Jutta von Sponheim – Freundin und Mentorin

Jutta war eine bemerkenswert eigensinnige junge Frau. Als Jugendliche war sie lebensbedrohlich erkrankt und hatte in dieser Situation ein Gelübde abgelegt. Sollte sie die Krankheit überleben, würde sie ein jungfräuliches Leben führen. Ihre Eltern nahmen das Versprechen selbstverständlich nicht ernst und organisierten, als Jutta mit 15 Jahren ins – für mittelalterliche Verhältnisse – heiratsfähige Alter kam, Begegnungen mit interessierten jungen Männern, die bereit waren, die schöne, intelligente und zweifellos auch gut betuchte junge Frau zu ehelichen. Dass Jutta dazu eine eigene, abweichende Meinung entwickeln und diese nicht nur äußern, sondern auch vehement vertreten würde, war dabei nicht vorgesehen gewesen. Sie tat es aber und weigerte sich konsequent, einen der Kandidaten zum Mann zu nehmen. Nun hätten die Sponheimer, wie es so viele, durchaus wohlmeinende Eltern taten, darüber hinwegsehen und die Heirat einfach anordnen können. Die Angelegenheit hatte aber einen Haken von nicht geringer Größe. Im 12. Jahrhundert begann sich nämlich das Kirchenrecht parallel zu dem auf dem antiken römischen Recht basierenden weltlichen Recht zu entwickeln. Als Grundlage für die rechtsgültige Eheschließung war die Spendung des Ehesakramentes notwendig. Dieses Sakrament aber spendet nicht ein Priester. Er assistiert dabei lediglich den Eheleuten, die sich das Sakrament gegenseitig spenden. Und das bedeutet, dass die Zustimmung von Braut und Bräutigam zwingend erforderlich ist. Jutta konnte also, wenn sie wollte, einfach Nein sagen, und damit hätte sich die Sache erledigt – ganz unabhängig davon, was ihre Eltern planten oder für richtig hielten. Für die Frauen im 12. Jahrhundert bedeutete diese Regelung ein erhebliches Mehr an Freiheit. Allein das Bewusstsein der Wichtigkeit der eigenen Meinung verlieh dem vor allem in Adelskreisen normalerweise fremdbestimmten Prozess der Eheschließung ein ganz neues Gesicht. Jutta nutzte den entstandenen Handlungsspielraum zielstrebig aus und ließ keinen Zweifel an ihrer strikten Weigerung aufkommen, eine Ehe einzugehen. Und sie ging noch weiter. Sie plante, was für Frauen ungewöhnlich, aber keineswegs durchweg unüblich oder ausgeschlossen war, eine Wallfahrt. Wenn sie sich dabei ein nahegelegenes Ziel gesetzt hätte, wäre ihr Plan gewiss unterstützt worden, aber sie strebte eine Fernreise nach Jerusalem an. Was auf einem solch langen Pilgerweg alles passieren konnte, stand ihrer Familie allzu lebhaft vor Augen, als dass sie nicht eingegriffen hätte. Was eine Heirat anging, hatte Jutta ohnehin bereits Fakten geschaffen. Die junge Frau war nämlich mit Bischof Ruthard in Kontakt getreten und hatte von ihm irgendwann nach dem Herbst 1105 die Consecratio Virginum, die Jungfrauenweihe, empfangen. Ab dem 14. Lebensjahr waren junge Frauen und Männer im Mittelalter berechtigt, solche Gelübde auch ohne Zustimmung ihrer Eltern abzulegen. Diese Gelübde waren rechtlich bindend, daran konnte auch eine Familie, die andere Pläne gehegt hatte, nichts ändern. Eine gottgeweihte Jungfrau zu sein, ist nicht gleichbedeutend mit einem Leben im Kloster. Virgines consecratae konnten und können auch heute noch in ihren Familien oder in eigenen Wohnungen leben. Deshalb war der Gedanke an eine Wallfahrt für Jutta nach wie vor virulent. Juttas Verwandte suchten daher nach einer Lebensform, in der Jutta ihre radikale Hingabe leben konnte. Dabei zeigten sie ein bemerkenswertes Verständnis für das, was Jutta im Kern wichtig war. Ihr ging es bei der Idee, eine Pilgerreise nach Jerusalem zu machen, ja nicht um eine Luxusreise mit Shopping und Sightseeing. Sie wollte in ihrem Engagement für Jesus Christus bis an die Grenzen gehen. Nun sind die Grenzen des äußeren Lebensraumes, wenn man es genau betrachtet, im Grunde weniger weit gesteckt als die des inneren Lebens. Deshalb war die Idee von Juttas Bruder, ihr eine Klause im Bereich des kürzlich neu besiedelten Klosters der Benediktiner auf dem Disibodenberg zu bauen, in gewisser Weise folgerichtig. Innerhalb dieses klar umgrenzten Lebensraumes konnte Jutta auf ihren Weg nach innen aufbrechen und so lange weitergehen, bis sie die Grenze überschritt.

Aus der Sicht von Hildegards Eltern bot der Gedanke ebenfalls einige Vorteile. Sie kamen schnell zu der Überzeugung, dass Hildegard, die sich während der gemeinsamen Lernjahre bei Uda von Göllheim gut mit Jutta verstanden hatte, ebenfalls am besten in einer solchen Klause aufgehoben wäre. Möglicherweise hatten Hildebert und Mechthild von Bermersheim angesichts der labilen Gesundheit und der besonderen Begabung ihrer jüngsten Tochter Zweifel daran, dass sie in einem normalen Kloster glücklich werden könnte.

Inkluse oder Klosterfrau

Und so zogen Jutta, Hildegard und ein weiteres Mädchen namens Jutta am 1. November 1112 auf den Disibodenberg. Hildegard war zu diesem Zeitpunkt also 14 Jahre alt. Auch in neueren Veröffentlichungen ist gelegentlich noch zu lesen, Hildegard sei im Alter von acht Jahren auf den Disibodenberg gegangen. Dies ist aber kaum möglich, da mit den Bauarbeiten für das neue Kloster der Benediktiner erst im Juni 1108 begonnen worden ist. An der Angliederung der Klause an einen Benediktinerkonvent besteht aber kein Zweifel, und die Vita Juttae, die Lebensbeschreibung Juttas, informiert über das korrekte Datum. Dennoch verließ Hildegard im Alter von acht Jahren ihr Elternhaus, um gemeinsam mit Jutta und Uda von Göllheim auf Burg Sponheim zu leben.

Grundsätzlich war es im Mittelalter nicht ungewöhnlich, Kinder in diesem Alter zu befreundeten Familien auf eine andere Burg zu schicken, damit sie dort für ihr zukünftiges Leben ausgebildet wurden. Je nachdem, welche Pläne die Familien mit den Kindern hatten, lernten die Mädchen diverse Handarbeiten, Musikinstrumente sowie die Grundkenntnisse in Lesen, Schreiben und Rechnen, die Jungen erhielten, wenn sie für einen geistlichen Beruf bestimmt waren, eine gründlichere theoretische Ausbildung, die auch Fremdsprachen einschloss, oder wurden in den für das Ritterleben notwendigen Kampftechniken trainiert. Hildegards Unterricht bei Uda dauerte zwei Jahre, bis circa 1109 oder 1110. Danach lernte sie vermutlich mit der sechs Jahre älteren Jutta weiter. Als die beiden gemeinsam mit der anderen Jutta, die etwa in Hildegards Alter war, auf den

Disibodenberg gingen, war Jutta ungefähr 20 Jahre alt. Die Frage, ob Hildegard und Jutta Inklusinnen waren, also eingemauert wurden, ist in der Forschung kontrovers diskutiert worden. Aufschluss bringen hier das Studium und die historische Einordnung der einander ebenfalls widersprechenden Quellen. Die Vita Juttas gibt keine Informationen über eine rituelle Einschließung, und auch die archäologischen Grabungen auf dem Disibodenberg liefern keine verwertbaren Ergebnisse, die eine Einmauerung bestätigen. Dagegen berichtet die Vita Hildegards sehr wohl über diese verbindliche Form der Klausur innerhalb des Klosters. Fügt man diese divergent geschilderten Fakten zu einem Gesamtbild, ist es für die Bewertung hilfreich, die Veränderungen in der Lebensweise klösterlich lebender Frauen im 12. Jahrhundert zu betrachten. Wählten in den ersten Jahrzehnten des 12. Jahrhunderts mehrere Frauen ein eremitisches Leben in der Nähe eines Klosters oder auch für sich allein, wobei durch den Zuzug gleichgesinnter Frauen daraus durchaus auch eigene klösterliche Gemeinschaften entstehen konnten, begann man spätestens ab den 1130er-Jahren, diese Lebensweise kritisch zu sehen. Das Zweite Laterankonzil verschärfte deshalb 1139 die religiösen Lebensformen von Frauen. Nun galt nur noch die strenge Klausur hinter Klostermauern als angemessen.

Reisen, wie Hildegard sie im hohen Alter noch unternahm, um entlang des Rheines und darüber hinaus an verschiedenen Orten öffentlich zu predigen, waren zu diesem Zeitpunkt wirklich ungewöhnlich. Man erklärt sich die unterschiedlichen Informationen, die die Lebensbeschreibungen Juttas und Hildegards zur Frage, ob die drei jungen Frauen eingemauert wurden oder lediglich in einem eigenen Gebäude innerhalb des Disibodenberger Klosters ein gottgeweihtes Leben führten, mit dem Wandel in der Beurteilung der als angemessen geltenden religiösen Lebensformen für Frauen innerhalb des 12. Jahrhunderts. Um nicht in den Verdacht zu kommen, Hildegard und ihre Eltern hätten für sie eine weniger achtbare Lebensweise gewählt, verschärften die Autoren der Vita Hildegards möglicherweise in ihren Beschreibungen die Umstände und bezeichneten die beiden Juttas und Hildegard als real eingemauerte Inklusinnen. Aber auch, wenn Hildegard und ihre beiden Mitschwestern wirklich als Eingeschlossene gelebt hätten, ist offensichtlich, dass dies nicht Hildegards Bild von einem gottgeweihten Leben entsprach. Denn als sie nach Juttas Tod die Leitung der Gemeinschaft der inzwischen deutlich zahlreicher gewordenen Nonnen übernahm, setzte sie andere Maßstäbe als ihre Mentorin. Jutta hatte sich nämlich, allerdings ohne dasselbe von ihren Mitschwestern zu verlangen, durch extreme Askese systematisch zugrunde gerichtet. Sie verzichtete nicht nur auf Fleischspeisen, sondern aß kaum so viel, wie nötig gewesen wäre, um ihren Leib zu erhalten. Durch stundenlange Nachtwachen auf dem eiskalten steinernen Zellenboden zog sie sich immer wieder schwere Lungenentzündungen zu und trug darüber hinaus zur Buße eine Eisenkette, die sie sich mehrfach um den Leib geschlungen hatte und deren Spitzen sich schmerzhaft in ihren Körper eingruben. Die Regel Benedikts sieht einen derart unbarmherzigen Umgang mit dem Körper nicht vor. Deshalb versuchte der Abt von Disibodenberg während einer der Krankheitsphasen Juttas, sie unter Berufung auf ihr Gehorsamsgelübde zum Fleischgenuss, den die Regel für diesen Fall ausdrücklich vorsieht, zu nötigen. Aber Jutta, so geschwächt sie auch war, setzte ihren eisernen Willen selbst gegen den Abt durch. Für Hildegard war sie deshalb wohl eine Zeit lang eine gute Freundin und Mentorin, ein Vorbild aber war sie nicht.

Ein Ort mit Geschichte

In fast allen Beiträgen der neueren Geschichte wird der Name des Berges, auf dem sich neben einem Benediktinerkloster die Frauenklause befand, in der Hildegard von Bingen lebte, vom heiligen Disibod abgeleitet. Dieser irische Mönch und Einsiedler, dem man die Lebensdaten 619 bis 700 und somit ein gesegnetes Alter zuweist, wird im Martyrologium des Rabanus

Maurus erwähnt, das zwischen den Jahren 842 und 854 zusammengestellt worden ist. Bemerkenswert ist allerdings, dass er seitdem in keine weitere Liste der Heiligen mehr aufgenommen wurde. Wie ein irischer Mönch zu einem Namen kommt, der übersetzt „Tanzboden der Disen" heißt, erklärt Rabanus nicht, und auch sonst findet der Heilige kaum Erwähnung. Gerade dieses Fehlen gesicherter Fakten aber ist interessant, deutet es doch darauf hin, dass wir es bei Disibod, ebenso wie bei der heiligen Caecilia, möglicherweise mit einem jener Heiligen zu tun haben, die im Laufe der Geschichte erfunden worden sind. Die Erstellung von Heiligenviten wurde oft dann als notwendig angesehen, wenn man einem Ort eine religiöse Legitimation verleihen und womöglich eine frühere heidnische Nutzung „überschreiben" wollte. Dies war angesichts der Klostergründung auf dem Disibodenberg, zumindest was die Legitimation anging, zweifellos der Fall. Zwei Urkunden der Mainzer Erzbischöfe von 1108 und 1128 sowie die um 1150 im Kloster der Benediktiner entstandenen „Annales Disibodi" geben Auskunft darüber, dass der heilige Disibod mit seinen Gefährten Giswald, Klemens und Sallust um das Jahr 640 herum aus Irland gekommen sei. Nach erfolglosen Missionsversuchen in den Vogesen und Ardennen sei er durch das Nahetal gereist, wo er sich mit seinen Gefährten am Zusammenfluss von Glan und Nahe auf dem Disibodenberg niedergelassen habe. Dort sei – und nun machen die Quellen verschiedene Angaben – zuvor ein keltisch-germanisches Heiligtum bzw. eine über diesem bereits vom Bistum Mainz aus errichtete Taufkirche gewesen. In der Tat fand man bei Ausgrabungen einen römischen Altar aus dem 2./3. Jahrhundert, der auch den Menschen der im 4. Jahrhundert auf dem Berg bestehenden römischen Ansiedlung zur Verehrung gedient haben dürfte. Hinweise auf eine Klosteranlage fand man jedoch nicht. Dies wäre für irische Wandermönche auch eher ungewöhnlich gewesen. Denn die ließen sich, wie beispielsweise der heilige Gallus, an abgelegenen Orten als Einsiedler nieder. Wie in St. Gallen und auf dem Disibodenberg entstanden dann später Klöster an den Orten der früheren Klausen. Um 700 soll der heilige Disibod im Alter von 81 Jahren gestorben sein. Nach seinem Tod wurde auf dem Berg eine Kirche errichtet und, was Hildegard auch in ihrer „Vita Disibodi" erwähnt, dessen Grab 745 von Bonifatius besucht, der in seiner Eigenschaft als Bischof von Mainz die Gebeine Disibods zur Ehre der Altäre erhob und sie unterhalb des Altares der Klosterkirche bestattete. Die Erwähnung des Bischofs und Missionars Bonifatius in Zusammenhang mit ihrem Klosterheiligen Disibod erklärt übrigens, warum Hildegard Bonifatius eine Komposition widmet.

In der ersten Hälfte des 10. Jahrhunderts wurde das Kloster wiederholt geplündert und schließlich zerstört. Unter Erzbischof Hatto II. von Mainz wurde das von den Mönchen längst verlassene Kloster endgültig aufgegeben. Interessant ist, dass der Name des Disibodenberges nur in der älteren Forschungsliteratur auf die Disen zurückgeführt wird. Einer der Autoren verweist zudem auf ein frühes, dort befindliches Wodan-Heiligtum. Angesichts der vielen norwegischen und schwedischen Ortsnamen wie Disin, was Disenwiese bedeutet, Diseberg, Disevid und Disasen, die auf den Disenglauben zurückgehen, kann man bei derartigen Ortsnamen in der Regel davon ausgehen, dass sich die Verehrung der Disen in entsprechenden Kultstätten ausgedrückt hat. Die Disen galten als Fruchtbarkeitsgöttinnen, Schutzgeister, Kriegsgöttinnen und Totenführerinnen. In der letztgenannten Funktion stehen sie in Verbindung zum Wodanskult. Auch der Matronenkult, in dem die dreigestaltige Göttin – besonders im Rheinland – unter vielen Namen verehrt worden ist, hat eine lebendige Verbindung zum Glauben an die Disen. All dies lässt die Frage aufkommen, warum der Klostergründer aus Irland ausgerechnet auf den Namen Tanzboden der Disen gehört haben soll, für den es in seiner Heimat keinerlei Vorbilder gibt. Auch die Mönche des Disibodenberges waren hier offenbar ratlos und haben die Visionärin Hildegard gebeten, ihnen, wenn ihr etwas über ihren Klostergründer offenbart würde, Mitteilung davon zu machen. Hildegard schrieb daraufhin eine Vita des Heiligen und drei

Gesänge für die Gottesdienste an seinem Festtag. Allerdings sind sowohl die Vita als auch die Gesänge merkwürdig arm an Fakten. Stattdessen ist eine deutlich ärgerliche Reaktion Hildegards auf Überlieferungen des Volksglaubens in Bezug auf den Disibodenberg und eine ebenso scharfe Ablehnung der Aktivitäten des Mainzer Bistums hinsichtlich des Berges und der damit verbundenen Besitztümer überliefert. Wenn man bedenkt, dass Hildegard sich auch an anderen Stellen, wie etwa in Bezug auf die heilige Ursula, weigerte, „Fakten" zu erfinden, deutet der allgemeine Charakter ihrer Schriften auf die dürftige Überlieferungssituation hin.

Alltag auf dem Disibodenberg

Wenn wir heute davon hören, jemand sei ins Kloster gegangen, stellen wir uns seinen oder ihren Alltag sehr ruhig und beschaulich vor: Wenige Geräusche, keine Ablenkungen durch all das, was das quirlige Leben in einer Stadt prägt. Auf dem Disibodenberg aber sah das Leben ein wenig anders aus. Ein Blick in die Entstehungsgeschichte des Klosters hilft dabei, sich Hildegards Alltag besser vorstellen zu können. Die Geschichte des Klosters beginnt nicht mit einer benediktinischen Gründung, sondern mit der Entsendung von 12 Regularkanonikern in den Jahren nach 975 durch Erzbischof Willigis von Mainz. Diese sollten im Umfeld des Berges missionarisch tätig werden. Das Stift galt als Mainzer Eigenkirche und verfügte über einen ansehnlichen Grundbesitz in der Region sowie über das Recht, in zahlreichen Ortschaften den Zehnten einzuziehen. 1098 wollte Erzbischof Ruthard die Regularkanoniker durch Benediktiner aus dem Stift St. Jakob in Mainz ersetzen. Die Umsetzung dieses Planes verzögerte sich jedoch, weil Ruthard nach den Judenpogromen in Mainz für einige Jahre die Stadt verlassen musste. Deshalb wurde erst 1108 mit dem Bau des neuen Klosters begonnen, dessen Leitung Ruthard dem Abt Burchard übertrug. Als Jutta mit Hildegard und der anderen Jutta auf den Disibodenberg ging, bezogen die drei jungen Frauen also eine Baustelle, auf der gerade eine dreischiffige Pfeilerbasilika errichtet wurde. Das bedeutet konkret, dass, solange das Tageslicht dies ermöglichte, auf dem gesamten Gelände gehämmert, gesägt, Steine hin und her bewegt und Holz transportiert wurde. Die Gebäude wuchsen nur langsam. Die Handwerker, die auf der Baustelle arbeiteten, waren keineswegs an das Schweigegebot gebunden, es wurde gerufen, geschrien, gelacht und erzählt. Auch die drei Frauen werden zunächst in einem der bereits bestehenden Gebäude, möglicherweise in den Stiftsgebäuden neben der alten Kirche, gewohnt und erst später das für sie errichtete kleine Kloster bezogen haben.

Wo genau sich die Klause der zunächst drei Frauen befand, ist bis heute letztlich nicht geklärt. In einer Beschreibung der Ruine des Klosters aus dem Jahr 1900 wird sie östlich von den Konventsgebäuden, am Fuße des Berges gelegen, angesiedelt. Das hätte allerdings bedeutet, dass sich die Wohngebäude der Nonnen außerhalb des Klosterbezirkes befunden und sie keinen direkten Zugang zur Kirche gehabt hätten. Rita Otto situiert die Klause 1971 an der Nordseite des Querschiffes der Kirche. Ein Plan der Ruine aus den 1990er-Jahren siedelt sie dagegen südwestlich der Abteikirche an. Gabriele Mergenthaler kommt nach der Auswertung der archäologischen Fakten und unter Bezugnahme auf die Regeln für Inklusen zu dem Ergebnis, dass Hildegard und ihre Schwestern in einem neben der historisch überlieferten Hospizkapelle gelegenen Wohnturm gelebt haben. Die Spuren der Hebewerkzeuge, die an einigen Steinen noch sichtbar sind, verweisen auf eine Entstehung nach 1108. Der Wohnturm verfügte über ein Erdgeschoss sowie über eine erste und eine zweite Etage und bot mit insgesamt 90 Quadratmetern genügend Platz für die Wohn-, Schlaf- und Arbeitsräume der Schwestern, die für ihre Gebete die Hospiz- bzw. Laienkapelle nutzen konnten, die ein Jahr vor der Abteikirche im Jahr 1142 geweiht wurde. Die Lage der Fenster in dem Wohnturm entspricht den Anforderungen an die Möglichkeit zum Kontakt mit Ratsuchenden, denn eines von ihnen ging auf den Pfortenvorplatz hinaus und verfügte zum Gebäudeinneren hin über eine breite, bequeme Fensterbank, auf der Jutta oder Hildegard sitzen konnten, wenn sie durch das Fenster hindurch Beratungsgespräche führten.

Natürlich stellt sich die Frage, warum Jutta, die andere Jutta und Hildegard in ein Provisorium einzogen und mit ihrem Wechsel auf den Disibodenberg nicht warteten, bis die für sie gedachten Wohnräume fertiggestellt waren. Die Gründe hierfür können einerseits in dem Bestreben der Sponheimer Familie liegen, Jutta von ihrer immer noch geplanten Wallfahrt abzuhalten, andererseits können sie aber auch mit dem Finanzierungskonzept des Disibodenberger Konventes zusammenhängen. Denn die drei jungen Frauen brachten eine nicht unbeträchtliche Mitgift mit in ihr neues Leben, die bei der Errichtung der neuen Gebäude dringend benötigt wurde. Welch wesentlichen Bestandteil des Konventsvermögens die Mitgiften Hildegards, Juttas und der später eingetretenen Frauen bildeten, wird in den Auseinandersetzungen um deren Verwendung nach Hildegards Wechsel auf den Rupertsberg deutlich werden.

Mit Eifer lernen

Das lateinische Wort Studium bedeutet übersetzt „mit Eifer lernen“. Und genau das tat Hildegard auf dem Disibodenberg. Juttas Möglichkeiten, den Wissensdurst ihrer jungen Mitschwester zu stillen, werden schnell an eine Grenze gekommen sein, ebenso wie ihre Geduld. Denn sie suchte nach etwas anderem als Bildung. Ihr Verlangen, durch Askese an die Grenzen zu gehen und dort Gott zu finden, führte sie auf einen anderen Weg, als Hildegard ihn offensichtlich einschlagen wollte. Es spricht sehr für Jutta, dass sie ihrer Schülerin nicht den eigenen Lebensentwurf aufdrängte, sondern ihr ermöglichte, einen eigenen Weg zu suchen und zu finden. Sie sprach mit dem Abt, und Hildegard wurde ein Lehrer zugewiesen, der ihre Ausbildung begleiten sollte. Volmar von Disibodenberg wurde zu einem Glücksfall für Hildegard. Denn er war weit mehr als ein geschickter Pädagoge, der seiner Schülerin die richtigen, sprich inspirierenden Bücher zu lesen gab, er förderte auch ihre visionäre Begabung und wurde so schließlich zu ihrem, wie Hildegard es ausdrückt, Symmista, einem, der mit ihr schaute.

Angesichts der Tatsache, dass Hildegard in Disibodenberg eine Ausbildung erhielt, erhebt sich die Frage nach den Quellen, aus denen sie ihr Wissen schöpfte. Sie wird umso virulenter, als Hildegard sich selbst in ihren Schriften als ungelehrte Frau bezeichnet. Mitunter ist aus diesem Bescheidenheitstopos abgeleitet worden, dass sie wirklich über keinerlei Wissen aus Büchern verfügt habe. Aber dies anzunehmen, ist unrealistisch. Kloster Disibodenberg verfügte über eine Bibliothek, in der die gängigen Werke der Kirchenväter enthalten waren. Im klostereigenen Skriptorium wurden Bücher abgeschrieben und mit denen aus anderen Klöstern getauscht, um die Bestände zu erweitern. Wenn ein Gast ins Kloster kam, wie beispielsweise Bischof Siward von Uppsala, der 1138 den Disibodenberg aufsuchte, um den Altar im Hauptchor der neuerbauten Kirche zu weihen, und dieser Gast Bücher mit sich führte, dann wurden sie sofort von den wissenshungrigen Mönchen ausgeliehen, gelesen und kopiert. Von Siward wissen wir, dass er naturwissenschaftlich interessiert war und medizinische Fachliteratur und Kräuterbücher las. Gut möglich, dass er solche Werke auch in seiner Büchertruhe mit sich führte und Hildegard auf diese Weise mit ihnen in Kontakt kam. Es ist aber eine bleibende Herausforderung, eine Liste derjenigen Bücher zusammenzustellen, die Hildegard mit einiger Sicherheit während ihrer Ausbildung gelesen hat. Hinweise darauf finden wir in ihren Werken dann, wenn sie sich auf Gedankengut bezieht, dass in der Gelehrtenwelt verbreitet war. Intelligente Anspielungen in Texten bedurften im Mittelalter, ebenso wie Zitate, keiner Verifizierung. Man fügte weder Fußnoten an noch nannte man den Autor, sondern verließ sich darauf, dass derjenige, der die Schrift las, verstand, aus welchem Werk man zitiert hatte. So ist es gut möglich, dass der Beginn von Hildegards geistlichem Singspiel „Ordo virtutum", in dem sie die Tugenden singen lässt: „Wir sind die Wurzen, ihr seid die Zweige, Früchte des lebendigen Auges", ein solcher Hinweis auf einen anderen Autor ist. Hugo von St. Viktor, ein Theologenkollege aus Frankreich, hatte nämlich die Tugenden als Baum des neuen Adam bezeichnet, dessen Stamm von der Demut und dessen Zweige von den drei göttlichen und den vier Kardinaltugenden gebildet würden. Und auch im „Scivias" finden sich Hinweise, die auf ihre Lektüre hindeuten. Hildegard schildert hier in der 13. Vision einen gefährlichen Drachen, der als Motiv in ähnlicher Weise im „Hirt des Hermas" oder in den Visionen der Märtyrin Perpetua auftaucht. Bleibt die Frage, wie man ihr Eingeständnis erklärt, sich mit der Silbentrennung, den grammatischen Fällen und Zeiten der lateinischen Sprache nur ungenügend auszukennen. Die Antwort ergibt sich, wie schon oben skizziert, aus der Art und Weise, in der Hildegard Latein gelernt hat: Durch die tägliche Praxis in der Tagzeitenliturgie konnte sie auch komplexe lateinische Texte verstehen. Sie dachte, wenn sie theologische Zusammenhänge formulierte, sehr wahrscheinlich in lateinischen Begriffen, denn es wäre enorm umständlich gewesen, die Sprache ihrer Gebete und ihrer Lektüre ins Deutsche zu übersetzen. Aber sie hatte keine klassische Grammatikausbildung erhalten und machte auf diesem Gebiet Fehler, die sie dann von Volmar, der eine andere Art der Ausbildung erhalten hatte, korrigieren ließ.

Hildegard war ganz offensichtlich teamfähig. Denn sie ließ sich nicht nur von Volmar, sondern auch von Richardis von Stade bei der Niederschrift ihrer Werke unterstützen. Die Autorschaft für ihre theologischen Werke wird deshalb heute nicht mehr bestritten.

Der Weg in die Welt

Als Jutta von Sponheim 1136 stirbt und die Nonnen des Konventes Hildegard zu ihrer Nachfolgerin wählen, enden die stillen Jahre des Studiums abrupt. Hildegard ist zu diesem Zeitpunkt 38 Jahre alt, eine erfahrene Frau. Dennoch ist die Übernahme der Leitung des Konventes eine Herausforderung für die Visionärin. Jutta hatte nämlich trotz ihrer strengen Askese keineswegs zurückgezogen gelebt, sondern vielmehr eine breitflächige kommunikative Aktivität entfaltet. Sie war im Laufe der Jahre zu einer gefragten Ratgeberin geworden, die zahlreiche Menschen auf den Disibodenberg zog und das Kloster über die Region hinaus bekannt machte. Für die Mönche war diese seelsorgliche und kommunikative Arbeit Juttas ein Wirtschaftsfaktor, auf den sie nicht verzichten wollten. Denn die Menschen, die auf den Berg kamen, bedankten sich in der Regel mit einer Spende für die Wegweisung, die sie erhalten hatten, und hielten den Kontakt nicht selten auch über das Beratungsgespräch hinaus. Dadurch entwickelte sich ein Kreis der Freunde und Förderer, der zur Prosperität des Konventes entscheidend beitrug. Von Hildegard wurde nun erwartet, dass sie in Juttas Fußstapfen treten und angesichts ihrer visionären Begabung deren Ruhm noch übertreffen würde.

Genau aus diesem Grund hatte Abt Kuno sich dafür eingesetzt, Hildegard zur Magistra zu machen. Wer weiß, ob die Schwestern ansonsten nicht eine tatkräftigere Frau gewählt hätten, als Hildegard es zu diesem Zeitpunkt zu sein schien. Angesichts des Erwartungsdrucks, der auf ihr lastete, tat Hildegard etwas sehr Erstaunliches. Sie verhielt sich zunächst still und verfiel keineswegs in wirbelnde Aktivität. Sie selbst schildert den Prozess der Entscheidungsfindung, wie sie ihren Konvent leiten und sich mit ihrer visionären Gabe in der Öffentlichkeit präsentieren wolle, so: „Nach ihrem [Juttas] Ende harrte ich schauend aus bis zu meinem vierzigsten Lebensjahr." Ihr Verhalten ist klug. Sie dachte erst einmal sehr gründlich nach. Denn tatsächlich war es ein bedeutender Unterschied, ob Jutta eine breitflächige Kommunikationsarbeit leistete – oder sie. Jutta war eine hochgeachtete Asketin gewesen, deren Rat man schätzte. Von Hildegard aber erwartete man angesichts ihrer visionären Begabung etwas ganz anderes. Wenn sie eine Wegweisung gab, konnte leicht der Eindruck entstehen, es handele sich hier um unfehlbar richtige Ratschläge von Gott selbst. Hildegard aber war sich nur zu sehr bewusst, dass sie ein fehlbarer Mensch war. Außerdem war ihre Visionsgabe zwar inzwischen in einem weiteren Umfeld bekannt, aber nicht öffentlich anerkannt. Das war aber unabdingbar, wenn sie ihre Stimme in der Öffentlichkeit erheben wollte.

Wenn heute jemand Visionen hat, wird er in der Regel zum Arzt oder Psychologen geschickt. Im Mittelalter fragte man an dieser Stelle stattdessen, ob die Gesichte von Gott oder aus einer ganz anderen, einer dunklen Quelle kamen. Zwischen Begabung und Besessenheit verläuft ein schmaler Grad; deshalb war es für die Kirche wichtig, festzustellen, ob Hildegard wirklich das lebendige Licht sah. Eine öffentliche Anerkennung lag durchaus auch im Interesse der jungen Äbtissin. Und deshalb bereitete sie die Erlangung von öffentlicher Anerkennung mit bemerkenswerter Zielstrebigkeit vor. Sie zeigt an dieser Stelle, nach langen Jahren eines Lebens im Verborgenen, dass sie das Spiel der Mächtigen sehr wohl gelernt hat und beherrscht. Ihr Brief an Bernhard von Clairvaux, in dem sie ihn um seine Unterstützung bittet, ist ein Meisterwerk der Diplomatie. Sie weiß, dass Bernhard kein Freund starker und selbstbewusster Frauen ist, deshalb macht sie sich klein, gibt sich demütig und bittet ihn um ein beglaubigendes Wort. Und wenn auch seine Antwort keineswegs so eindeutig ausfällt, wie sie sich dies vielleicht erhofft hat – dafür ist der gewiefte Diplomat Bernhard seinerseits viel zu vorsichtig –, setzt er sich für Hildegard ein, als in Trier, also in relativer Nähe zum Kloster Disibodenberg, eine europäische Bischofssynode unter der Leitung von Papst Eugen III. tagt, der selbst Zisterzienser und einst Schüler Bernhard von Clairvaux' gewesen ist. Der Anstoß für Hildegards Entscheidung, den Weg in die Welt zu wagen, kam vom lebendigen Licht selbst. Sie berichtet zu Beginn ihres ersten Buches, das sie „Liber Scivias“, „Wisse die Wege des Herrn“, nannte, davon, dass Gott ihr den Auftrag gab, über das, was sie hörte und sah, zu schreiben: „Im Jahre 1141 der Menschwerdung Jesu Christi, des Gottessohnes, als ich 42 Jahre und sieben Monate alt war, kam ein feuriges Licht mit Blitzesleuchten vom offenen Himmel hernieder. Es durchströmte mein Gehirn und durchströmte mir Herz und Brust gleich einer Flamme, die jedoch nicht brannte, sondern wärmte, wie die Sonne den Gegenstand erwärmt, auf den sie ihre Strahlen legt. Nun erschloss sich mir plötzlich der Sinn der Schriften, des Psalters, des Evangeliums und der übrigen katholischen Bücher des Alten und NeuenTestamentes … Die Gesichte, die ich schaue, empfange ich nicht in traumhaften Zuständen, nicht im Schlafe oder in Geistesgestörtheit, nicht mit den Augen des Körpers oder den Ohren des äußeren Menschen und nicht an abgelegenen Orten, sondern wachend, besonnen und mit klarem Geiste, mit den Augen und Ohren des inneren Menschen, an allgemein zugänglichen Orten, so wie Gott es will. Wie das geschieht, ist für den mit Fleisch umkleideten Menschen schwer zu verstehen … Du also, o Mensch, der du all dies nicht in der Unruhe der Täuschung, sondern in der Reinheit der Einfalt empfängst, hast den Auftrag, das Verborgene zu offenbaren. Schreibe, was du siehst und hörst! All dies sah und hörte ich, und dennoch – ich weigerte mich zu schreiben. Nicht aus Hartnäckigkeit, sondern aus dem Empfinden meiner Unfähigkeit, wegen der Zweifelsucht, des Achselzuckens und des mannigfachen Geredes der Menschen, bis Gottes Geißel mich auf das Krankenlager warf. Da endlich legte ich, bezwungen durch so viele Leiden, Hand ans Schreiben.“

Zu diesem Auftrag Ja zu sagen, fiel Hildegard sehr schwer. Sie hatte Angst davor, ihre Visionen, die ihr aus dem barmherzigen Licht Gottes entgegengekommen waren, in das kalte Licht der Öffentlichkeit zu stellen. Zehn Jahre lang mühte sie sich, ermutigt von Volmar, mit der Niederschrift ab. Ihr Symmista hatte Hildegard geraten, zunächst einmal einfach aufzuschreiben, was sie hörte und sah. Später legte er Ausschnitte davon dem Abt vor. Kuno seinerseits zog Bischof Heinrich von Mainz zu Rate, und der nutzte die Synode, um eine Entscheidung durch ein kirchliches Gremium und damit einen breiteren Konsens herbeizuführen. Es muss eindrucksvoll gewesen sein, als Papst Eugen III. 1147 auf der Synode einen Abschnitt aus dem „Scivias" vorlas. Bernhard setzt sich nun ebenfalls öffentlich für Hildegard ein. Der Papst entsandte daraufhin eine dreiköpfige Kommission auf den Disibodenberg, die Hildegard einer Prüfung unterzog. Diese stellte die Übereinstimmung der Schriften und der Antworten Hildegards mit der Lehre der Kirche fest, und schließlich wurde die Gabe der Schau öffentlich anerkannt.

Die Vision von einem Berg

Dass Hildegards europaweiter Briefwechsel direkt nach der Anerkennung einsetzte, ist nur folgerichtig, und auch die Besucher werden genauso, wie Abt Kuno sich dies erhofft hatte, auf den Disibodenberg geströmt sein. Dann aber geschah etwas, was der Abt weder vorhergesehen noch für wünschenswert gehalten hatte. Hildegard hatte eine Vision von einem Berg. Einem ganz konkreten Berg, auf dem sie, wie sie deutlich spürte, ein eigenes Kloster gründen sollte. Tatsächlich hätte die Frauenklause zu diesem Zeitpunkt dringend erweitert werden müssen, da der Konvent mittlerweile auf 20 Frauen angewachsen war. Der Disibodenberg bot sich baulich für eine solche Erweiterung nicht an. Dennoch ist es offensichtlich, dass die Mönche mehr als willig gewesen wären, das Raumproblem zu lösen, wenn sie Hildegard damit hätten halten können. Die aber war felsenfest davon überzeugt, dass es ihre Aufgabe sei, auf den Rupertsberg bei Bingen zu ziehen. Eine auf den ersten Blick sehr fragwürdige Entscheidung, denn dieser Berg, wenn auch verkehrstechnisch äußerst günstig gelegen – der Rhein war im Mittelalter zu Wasser und zu Lande eine wichtige Verbindung zwischen den Bistumsstädten Köln und Mainz –, hatte sonst keinerlei Vorzüge. Die Gegend war karg, es wohnten dort lediglich ein alter Mann mit seiner Frau und seinen Kindern. Die ehemalige Kapelle des heiligen Rupertus war nur noch eine Ruine. Hildegard schreibt in ihrer Autobiografie, dass alle Leute über sie den Kopf schüttelten und sagten: „Was nützt es, dass adelige und reiche Nonnen von dem Ort, wo es ihnen an nichts gefehlt hat, wegziehen zu einer Stätte solchen Mangels?"

Abt Kuno und sein Konvent taten alles, um Hildegards Pläne zu behindern. Dass diese Weisung vom lebendigen Licht gekommen sei, zog Kuno stark in Zweifel. Er befürchtete, und nicht wenige gaben ihm Recht, dass Hildegard hier ihre Kompetenz überschritt und ihre Visionsgabe instrumentalisierte, um ihrem Wunsch nach Autonomie Gewicht zu verleihen. Es ist gut denkbar, dass sie in der Feier der Liturgie und in ihrer Art, den Konvent der Schwestern zu leiten, eigene Akzente setzen wollte, die Kunos Ansichten zuwiderliefen. Zudem begannen sich vielleicht auch die Einschränkungen bemerkbar zu machen, die das Zweite Laterankonzil klausuriert lebenden Frauen auferlegt hatte. Eigene Wege zu gehen, eine uneingeschränkte Richtlinienkompetenz zu haben, das würde auf dem Rupertsberg leichter fallen als unter der Aufsicht Kunos. Aus Hildegards Sicht war der Rupertsberg ein idealer Standort. Gegenüber, in Bingen, hatte der Bischof von Mainz eine Residenz. Ein schneller Draht zu ihrem Oberhirten war also garantiert. Auch hochgestellte Persönlichkeiten, die den Rhein entlang unterwegs waren, würden ihr Kloster aufsuchen. Für den Disibodenberg bot ihr Wegzug jedoch keinerlei positive Perspektive. Mit Hildegard verlöre der Konvent seinen wichtigsten Anziehungspunkt und damit regelmäßige Einnahmen durch Pilger und Gäste. Da Hildegard auch die von ihren Nonnen dem Kloster gemachten Schenkungen mitnehmen wollte, war sogar ein unmittelbarer finanzieller Verlust zu erwarten. Also weigerte sich Kuno rundheraus, die Nonnen gehen zu lassen. Hildegard aktivierte ihre diplomatischen Kontakte nach Mainz, und auch die Markgräfin von Stade, Richardis, deren gleichnamige Tochter in Hildegards Kloster lebt, setzte sich für die aus ihrer Sicht profilierte Neugründung ein. Was Kuno letztlich zum Einlenken bewegte, war jedoch Hildegards symbolisch hochwirksame Erkrankung. Sie fühlte sich in der Entfaltung ihrer Kreativität eingeengt, und das lähmte sie buchstäblich. Sie lag starr und unbeweglich auf ihrem Bett und gab keinen Ton mehr von sich, auch keine Weisung, die von Gott kommt. Kuno war klar, dass Hildegard ihm in diesem Zustand nicht mehr nützte und dass er, wenn sich herumspräche, dass er sie nicht gehen ließ, am Ende ebenfalls als Verlierer dastehen würde. Er bestand allerdings darauf, die Mitgift der Nonnen zunächst einmal zu behalten, und erst nach einem jahrelangen Streit würde Hildegard wenigstens einen Teil davon auf den Rupertsberg überschreiben lassen können.

Aufbau mit Hindernissen

Als Hildegard sich im Jahr 1150 auf den Weg zum etwa 30 Kilometer entfernten Rupertsberg begab, schien sie es geschafft zu haben. Der entscheidende Schritt in die Selbstständigkeit war getan.

Doch als sie auf dem Rupertsberg ankommt, fangen die Schwierigkeiten erst richtig an. Zwar werden Hildegard und ihre Schwestern von der Binger Bevölkerung begeistert begrüßt, doch die Gegebenheiten in ihrem neuen Zuhause entsprechen keineswegs den Standards, den die adeligen jungen Frauen von ihren heimischen Burgen oder vom Disibodenberg gewöhnt sind. Das Leben auf einer Baustelle, in Holzhütten, noch dazu im Winter, wo es auf dem Berg empfindlich kalt wird, und die Tatsache, dass die Äbtissin, die nun frei schalten und walten kann, von ihren Nonnen verlangt, dass sie bei den Bauarbeiten mithelfen, lässt nicht wenige ihrer Schwestern an Hildegards Verstand zweifeln. Dies ist nicht das Leben, für das sie sich entschieden hatten. Manch eine bereut nun, ihr Gelübde, lebenslang auf dem Disibodenberg zu bleiben, gebrochen zu haben, und von dort, wo es ihnen an nichts fehlte, auf eine Baustelle gezogen zu sein, wo sie das himmlische Jerusalem mit eigenen Händen aufbauen sollen.

Einige Schwestern verließen deshalb das Kloster, um sich anderen Konventen anzuschließen oder in ein weltliches Leben zurückzukehren. Hildegard empfand das gewiss als Niederlage, vielleicht aber auch als klärend. Manch eine Stelle in ihrem zweiten Visionswerk „Liber vitae meritorum", in dem sie die Tugenden und die Laster miteinander ins Gespräch bringt, wirkt wie ein Echo auf die Konflikte, die sie in den ersten Jahren auf dem Rupertsberg ausgetragen haben muss. Dass sie es zugleich schaffte, als Bauleiterin ein so gewaltiges Projekt zu begleiten und dabei noch eigene Akzente zu setzen, ist beeindruckend. Das Kloster bot nicht nur Platz für 50 Nonnen – Hildegard rechnete also offenbar damit, dass ihr Konvent sich mehr als verdoppeln würde, und sie sollte damit Recht behalten –, sondern hatte auch einen Gästebereich, ein Hospital und eine beeindruckende Kirche.

Sie setzte auch in der Innenarchitektur innovative Akzente und ließ in alle Arbeitsräume Wasserleitungen legen. Offenbar hatte sie beobachtet, dass Hygiene das Ausbrechen von Krankheiten eindämmt, und handelte danach. Auch in der Gestaltung des Innenraumes der Klosterkirche machte sie deutlich, dass sie und ihre Schwestern nicht vorhatten, ein verstecktes, gleichsam vor den Augen der Welt verborgenes Leben zu führen. Die Plätze für die Nonnen waren deshalb nicht in einem Kreuzarm der Kirche seitlich gelegen oder hinter einem Lettner verborgen, sondern vorne, mit Blick auf den Altar, sodass die Nonnen und die mitfeiernden Gläubigen eine Einheit bildeten.

Für die Feier der Liturgie hat dieser Ort sichtbare Konsequenzen. Wir wissen aus einer Auseinandersetzung Hildegards mit Tengswich von Andernach, dass sie ihre Nonnen an den Festtagen mit offenen Haaren, in seidenen Gewändern und mit Ringen geschmückt, die Eucharistie feiern ließ. Dort, wo die Schwestern saßen und standen, konnte jeder sie sehen. Kein

Wunder, dass diese leibfreundliche Art und Weise, Gott zu dienen, ein so kritisches Echo bei der streng asketischen Tengswich auslöste. Und kein Wunder, dass Hildegard ihrerseits sich in einer Umgebung, die sie so perfekt auf die Bedürfnisse ihres Konventes zugeschnitten hatte, dazu motivieren ließ, auch Gesänge für den Gottesdienst zu schreiben, deren Expressivität ihre Hingabe kongenial zum Ausdruck brachte.

Komponiert hatte Hildegard auch schon auf dem Disibodenberg; ihre Gesänge waren, gemeinsam mit ihren Visionsschriften, nach der öffentlichen Anerkennung in Trier europaweit bekannt geworden. Nun aber intensivierte sie auch ihre kompositorische Tätigkeit, indem sie außer Gesängen für die Heiligenfeste der Tagzeitenliturgien und die Eucharistiefeiern auch ein Geistliches Singspiel, den „Ordo virtutum", schuf, der zugleich eine Aufarbeitung der konfliktbehafteten Anfangsjahre auf dem Disibodenberg ermöglichte. Dass sie ihr natur- und heilkundliches Werk kurz nach der Übersiedlung auf den Disibodenberg zusammenstellte, kann praktische Gründe haben. Mit Sicherheit hat sie die Pflege der Kranken an eine dafür geeignete Schwester delegiert und stellte dieser so ein ausgezeichnetes Grundlagenwerk zur Verfügung.

Ihre Fähigkeit, Netzwerke zu bilden, entfaltet sie auf dem Rupertsberg tatkräftig weiter. So reist sie 1154 in die Pfalz Ingelheim, um dort Friedrich Barbarossa zu treffen. Sie verfasst einen Fürstenspiegel für ihn und erhält von ihm einen Schutzbrief für ihr Kloster. Friedrich bezeichnet sie hier als „Abbatissa". Es ist das erste Mal, dass dieser Titel für eine Frau verwendet wird. Leiterinnen von Frauenklöstern wurden sonst Mater, Domina, Magistra oder Praeposita genannt.

Wie stark die Bande waren, die Hildegard knüpfte, wird daran deutlich, dass der Schutzbrief auch dann noch seine Wirkung entfaltete, als sie Friedrich in ihren Briefen scharf angriff, weil er mit seiner Einsetzung eines Papstes eine Spaltung der Kirche bewirkt hatte. Andere Klöster, die sich, so wie Hildegard, nicht den von Friedrich ins Amt gebrachten Gegenpäpsten unterstellten, wurden in den 60er-Jahren des 12. Jahrhunderts von den kaiserlichen Truppen verwüstet. Dies betraf beispielsweise das ebenfalls im Rheingau gelegene Kloster Eberbach. Der Rupertsberg blieb jedoch verschont, und Hildegard konnte, weil die Zahl der Nonnen inzwischen die räumlichen Möglichkeiten ihres neuen Klosters sprengte, sogar expandieren und auf der anderen Rheinseite in Eibingen ein leerstehendes Augustinerkloster kaufen und dort eine Filialgründung ins Leben rufen.

Die verlorene Freundin – Richardis

Eigentlich ist die Regel Benedikts in diesem Punkt unmissverständlich: Die Äbtissin soll keine von ihren Schwestern mehr lieben als die anderen. Und auch wenn Benedikt der menschlichen Schwachheit entgegenkommt und die Ausnahme von der Regel gleich mitliefert, indem er schreibt: „Es sei denn, er finde einen, der eifriger ist in guten Werken und im Gehorsam", war das Verhalten Hildegards Richardis von Stade gegenüber vermutlich nicht gerecht. Die beiden Frauen hatten eine enge, vielleicht allzu enge Freundschaft miteinander geschlossen. Richardis liebte und bewunderte Hildegard sehr, und für die Äbtissin war Richardis wirklich wie eine Tochter. Die beiden arbeiteten bei der Erstellung des „Scivias" eng zusammen, Richardis stand in den Schwierigkeiten beim Umzug auf den Rupertsberg fest an Hildegards Seite. Deshalb traf es Hildegard völlig unvorbereitet, als Richardis, vom Karrierestreben ihrer Mutter dazu motiviert, die Wahl zur Äbtissin von Bassum annehmen wollte, die ihr Bruder, Erzbischof Hartwig von Bremen, für sie organisiert hatte. Dabei war der Vorgang an sich keineswegs unüblich. Eigentlich war es für ein Kloster sogar ehrenvoll, wenn eine der Nonnen zur Äbtissin eines anderen Konventes gewählt wurde. Dadurch vertieften sich die Kontakte untereinander, es bildeten sich geistliche Netzwerke, und außerdem war eine Karriereplanung, wie sie Richardis von Stade die Ältere für ihren Sohn Hartwig, ihre Tochter

Richardis und ihre Enkelin Adelheid, die Äbtissin von Gandersheim wurde, zielstrebig ins Werk setzte, in Adelskreisen durchaus üblich. Bemerkenswerterweise ließ Hildegard die junge Adelheid, die ebenfalls auf dem Rupertsberg lebte, ungehindert ziehen. Nach ihrer Wahl am 15. Juli 1151 wechselte sie mit dem Segen ihrer Äbtissin in ihre neue Wirkungsstätte. Warum sie ihre Zustimmung zur Wahl von Richardis verweigerte, wissen wir nicht. Hildegard selbst sagt, dass die Wahl für Richardis Seelenheil abträglich sei, dass sie auf diese Weise von dem ihr bestimmten Weg zum Heil abkomme. Allerdings teilte diesmal niemand Hildegards Ansicht. Und als sie sich auf ihre Visionen berief, glaubte man ihr nicht. Stattdessen waren alle einhellig der Meinung, dass die Äbtissin in ihrer Angst, die vertraute Freundin zu verlieren, einfach jedes Maß verloren habe. Und obwohl sie an den Bischof von Mainz, an Richardis die Ältere, an Hartwig von Bremen und sogar an den Papst appellierte, setzte sich Hildegard diesmal nicht durch. Heinrich von Mainz, den sie sich selbst als Vorgesetzten gewählt hatte, um einem weltlichen Klostervogt zu entgehen, schrieb ihr in aller Deutlichkeit: „Um aber zu unserer eigentlichen Absicht zu kommen: Wir setzen dich in Kenntnis davon, dass einige Ordensleute als Boten eines uns bekannten adeligen Klosters zu uns gekommen sind. Sie baten uns inständig, ihnen eine Schwester, die sie erbitten – sie führt bei dir ein klösterliches Leben –, gemäß ihrer Wahl als Äbtissin zu überlassen. Dies tragen wir dir sowohl kraft der Autorität unseres geistlichen Amtes als auch kraft unserer Vaterschaft auf, und zwar erlegen wir es dir gebieterisch auf, dass du sie augenblicklich den Bittenden und Begehrenden zu ihrer Leitung stellst. Tust du das, so wirst du unsere Gunst, die du bisher erfahren hast, noch mehr verspüren; wenn nicht, so werden wir es dir erneut und noch energischer anbefehlen und nicht nachgeben, bis du unsere diesbezüglichen Vorschriften in die Tat umsetzt."

Hildegard hatte sich viele Male gegen alle Widerstände durchgesetzt. Diesmal aber musste sie einsehen, dass sie verloren hatte. Richardis selbst, von der man in dieser Angelegenheit so wenig hört, scheint nämlich durchaus bereit gewesen sein, ihr Amt anzutreten. Ob sie damit vor allem dem Wunsch ihrer Familie oder auch ihrem eigenen Willen folgte, ist nicht überliefert. Es ist aber gut möglich, dass sie gerne nach Bassum ging. Immerhin lag dieses Kloster nahe Bremen, wo ihr Bruder lebte, und unweit von Stade, ihrer Heimat. Es ist aber genauso denkbar, dass sie, wie es in den Reihen des Adels üblich war, tat, was man von ihr erwartete. Ganz sicher ist, dass am Ende niemand in dieser Geschichte glücklich geworden ist. Denn Richardis wurde schon kurz nach ihrer Ankunft schwer krank. Ob sie der Konflikt mit ihrer Mentorin Hildegard innerlich zerriss oder sie einfach in der fremden Umgebung nicht zurechtkam, ist nicht überliefert. Klar ist, dass sie darum bat, auf den Rupertsberg zurückkehren zu dürfen, dass ihr Bruder ihr die Erlaubnis dazu gab und dass sie kurz darauf starb. Hartwig berichtet Hildegard in einem Brief davon: „Ich melde dir, dass unsere Schwester, die meine, allerdings auch die deine – meine leibliche und deine geistliche –, den Weg allen Fleisches angetreten hat und die Würde, die ich ihr verschafft habe, gering geschätzt hat. Während ich zum irdischen König ging, hat sie ihrem Herrn, dem König des Himmels, gehorcht, heilig und fromm gebeichtet und wurde nach der Beichte mit dem heiligen Öl gesalbt. Als sie alles in christlicher Gesinnung empfangen hatte, verlangte sie aus ganzem Herzen unter Tränen nach deinem Kloster zurück … Ich bitte dich also – wenn ich dessen würdig bin –, so viel ich vermag, liebe sie so sehr, wie sie dich geliebt hat. Und scheint sie sich mit etwas verfehlt zu haben, was nicht auf sie zurückging, sondern auf mich, so beachte wenigstens ihre Tränen, die sie um die Rückkehr in ihr Kloster vergossen hat; dessen waren viele Zeugen. Hätte der Tod sie nicht daran gehindert, wäre sie sofort nach erhaltener Erlaubnis zu dir zurückgekehrt."

Auch wenn man nicht, wie Ingrid Riedel, davon ausgeht, dass der starke innere Konflikt zum Tod der jungen Äbtissin führte, wird an dieser Stelle deutlich, dass auch Hildegard ganz gewiss nur ein Mensch war und dass sie an dieser Stelle

Fehler gemacht hat. Sie selbst hatte das in einem Brief Richardis gegenüber eingestanden: „Der Mensch soll in den erhabenen Lebendigen blicken, ohne irgendwelche Überschattung der Liebe und des gebrechlichen Vertrauens, das die nebelhafte Feuchtigkeit der Erde für kurze Zeit hat. Ein Mensch, der so auf Gott schaut, heftet sein Auge wie der Adler auf die Sonne. Und darum soll der Mensch sich nicht nach einer hochgestellten Persönlichkeit richten, die vergeht, wie eine Blüte abfällt. Das habe ich aus Liebe zu einem edlen Menschen außer Acht gelassen. Nun sage ich dir: Sooft ich auf diese Weise sündigte, wies mich Gott durch irgendwelche Ängste oder Schmerzen auf diese Sünde hin. So geschah es, wie du selbst weißt, auch jetzt um deinetwillen."

Hildegard hat an dieser Stelle, und dies ist wohl das Wichtigste, ihren Fehler erkannt und ihr Handeln entsprechend korrigiert. Deshalb konnte sie ähnliche geistliche Fehlhaltungen nun rechtzeitig erkennen und entsprechende „geistliche Haltungsschäden" vermeiden.

Geht in alle Welt!

Jesus hatte zu seinen Jüngern zwar gesagt, sie sollten in alle Welt gehen und das Evangelium allen Menschen verkündigen, aber für Frauen im Mittelalter waren Predigtreisen eigentlich nicht vorgesehen. Dass Hildegard in den Jahren 1161 bis 1171 gleich vier solcher recht ausgedehnter Reisen unternahm, auf denen sie zu Fuß, reitend oder bequem auf einem Schiff ein Tagespensum von 25 bis 30 Kilometern hinter sich brachte, ist also höchst ungewöhnlich. Immerhin war sie zu diesem Zeitpunkt 63 bis 73 Jahre alt. Der Beweggrund für ihre Reisen war einerseits die notwendige Reform der Kirche. In ihrem Brief an den Klerus von Köln sagte sie: „Ihr müsst … (die Gerechtigkeit Gottes) … pflichtgemäß und im Gehorsam immer wieder den Leuten zu geeigneten Zeiten mit heiliger Discretion vor Augen stellen und nicht im Übermaß ihnen einhämmern. Das tut ihr aber nicht wegen der Halsstarrigkeit eures Eigenwillens. Deshalb fehlen bei euren Predigten ... die Lichter, wie wenn die Sterne nicht leuchten. Ihr seid Nacht, die Finsternis aushaucht, und wie ein Volk, das nicht arbeitet und aus Trägheit nicht im Lichte wandelt ... Ihr schaut ja nicht auf Gott und verlangt auch nicht, ihn zu schauen. Ihr blickt vielmehr auf eure Werke, indem ihr nach Belieben tut und lasst, was ihr wollt ... Mit eurem leeren Getue verscheucht ihr aber bestenfalls im Sommer einige Fliegen ... Und wegen eures ekelhaften Reichtums und Geizes sowie anderer Eitelkeiten unterweist ihr eure Untergebenen nicht und gestattet nicht, dass sie bei euch Belehrung suchen, indem ihr sprecht: ‚Wir können unmöglich alles schaffen' ..."

Andererseits besucht sie auch Klöster, mit deren Mönchen und Nonnen sie schon länger in Briefwechsel steht. Möglicherweise berät sie sie dort persönlich und wirkt nach Art einer geistlichen Supervisorin. Bei allen Konflikten, auch angesichts der weiter schwelenden Auseinandersetzungen mit dem Konvent auf dem Disibodenberg, ist Volmar, den sie gegen Widerstände schließlich doch als Propst auf den Rupertsberg hatte holen können, ihr eine wichtige Stütze. Deshalb trifft es sie schwer, als Volmar im Jahr 1173 stirbt. Sie fühlt sich verlassen, traurig und allein ohne den Freund, der sie so viele Jahre begleitet hat. Ohne ihn muss sie nun ihr letztes Visionswerk, den „Liber divinorum operum", das „Buch vom Wirken Gottes", beenden. Sie arbeitet in ihren letzten Lebensjahren mit wechselnden Sekretären, die jeweils nur kurze Zeit auf dem Rupertsberg tätig sind: kein Vergleich zu der inspirierenden Kontinuität, die sie im Team mit Volmar und Richardis erlebt hat.

Am Ende ein Konflikt

Hildegards letztes Lebensjahr ist geprägt von einem tiefgreifenden Konflikt mit der Mainzer Kirchenleitung. Es geht dabei um einen Adeligen, den Hildegard 1178 auf ihrem Klosterfriedhof hatte bestatten lassen. Der Verstorbene hatte, wie Hildegard wusste, bei einem Priester gebeichtet und war, nachdem er zuvor exkommuniziert gewesen war, wieder in die Kirche aufgenommen worden. Der Priester hatte auch die Exequien für den Verstorbenen gefeiert. Deshalb war Hildegard überrascht und sehr erstaunt, als sie einige Zeit darauf ein Schreiben von der Mainzer Kirchenbehörde erhielt, in dem sie aufgefordert wurde, den Toten zu exhumieren, und ihr im Falle der Nichtbefolgung das Interdikt angedroht wurde. Sie glaubte, es müsse sich um ein Missverständnis handeln. Es schien ihr zudem unangemessen hart, ihrem gesamten Konvent den gesungenen Gottesdienst zu untersagen, der die Mitte ihres Lebens war. Um sich zu versichern, dass sie keinen Fehler begangen hatte, stellte sie die Angelegenheit in das Licht Gottes. Sie schreibt: „Wie gewohnt blickte ich zum wahren Licht auf und sah mit wachen Augen in meiner Seele Folgendes: Wenn auf ihren [der Prälaten] Befehl der Leichnam des Toten weggeschafft würde, drohte durch diese Entfernung unserem Ort eine ungeheure Gefahr; wie eine große Finsternis würde uns eine dunkle Wolke, wie sie vor Sturm und Donnerschlägen heraufzuziehen pflegt, umlagern. Deshalb nehmen wir es uns nicht heraus, den Leichnam dieses Verstorbenen, der ja gebeichtet, die Ölung und die Kommunion empfangen hatte und ohne Widerspruch begraben worden war, herauszunehmen."

Ihr wird klar, es wäre vermessen, die Ruhe des Toten zu stören. Bestimmt hatte sie sich unterdessen auch noch einmal vergewissert, dass der Verstorbene wirklich gebeichtet, die Lossprechung von seinen Sünden und die Krankensalbung empfangen hatte. Deshalb weigerte sie sich, ihn exhumieren zu lassen, und das Interdikt wurde tatsächlich über Kloster Rupertsberg verhängt. Wir können uns heute kaum mehr vorstellen, was diese Strafe für Hildegard und ihre Schwestern bedeutet hat, weil der Gottesdienst nur noch für wenige eine vergleichbare hohe Stellung hat: Im Gottesdienst nicht singen dürfen? Na und? – So würden viele vielleicht sagen, nicht zuletzt weil sie, wenn sie denn überhaupt regelmäßig am Sonntag in die Kirche gehen, sich dort ohnehin nicht am Gemeindegesang beteiligen. Für Hildegard und ihren Konvent aber sah dies ganz anders aus. Gott singend zu loben, war ihre ureigenste Berufung, ihre Form der Selbstverwirklichung, das, was sie den Engeln ähnlich sein ließ. Ihnen dies zu verbieten, war, als ob man aus ihrem Leben, wie aus einem Luftballon, alle Leichtigkeit, alle Freude herauslassen würde.

Um einen Ausweg aus dem Konflikt zu finden, durch den das Leben ihrer Gemeinschaft dunkel und schwer geworden war, blickte Hildegard wieder zum lebendigen Licht auf. Sie kam zu dem Schluss, dass es wenig diplomatisch gewesen sei, sich einfach zu weigern, und entschied sich, ihre Bedenken gegen die Weisung der Prälaten noch einmal höflich vorzutragen. Sie reiste nach Mainz, brachte ihr Anliegen demütig vor, aber die Prälaten zeigten der greisen Ordensfrau die kalte Schulter. Die Zeit, in der man Hildegard mit Ehrerbietung und achtungsvoll begegnete, war offenbar vorüber. Deshalb zog auch sie nun andere Register. Als sie das nächste Mal in Mainz vorstellig wurde, kam sie nicht allein. Der Priester, der dem Sterbenden die Absolution gespendet hatte, war ebenso dabei wie der Erzbischof von Köln – der im Vergleich zum abwesenden Mainzer Erzbischof höherrangige Kleriker. Hildegard spielte das Spiel der Macht noch genauso gut wie in ihren jungen Jahren und erreichte fürs Erste eine Aussetzung des Interdiktes. Die Angelegenheit sollte ihrem in Rom weilenden Bischof zur Entscheidung vorgelegt werden. Der aber setzte, durch seine Untergebenen einseitig informiert, die Kirchenstrafe für Hildegard zunächst wieder in Kraft. Es bedurfte einer weiteren Intervention Hildegards, um endlich wieder das Lob Gottes singen zu dürfen.

Vielleicht hatten die tiefgreifenden Konflikte ihre Kräfte aufgezehrt, vielleicht war es aber auch einfach Zeit für sie, endlich für immer ins lebendige Licht einzugehen. Jedenfalls starb Hildegard 1179. Bei ihrem Tod, den sie ihren Schwestern vorausgesagt hatte, wurde am Himmel eine Lichterscheinung beobachtet.

Hildegards vielschichtiges schriftliches Werk

Schreibstube mit himmlischem Fernseher oder: Wie entstanden die Visionsschriften?

Die Visionsschriften Hildegards gattungsgeschichtlich einzuordnen, ist eine bleibende Herausforderung. Sind es theologische Werke, sind es Stellungnahmen einer Benediktinerin, die ihre Stimme unter Berufung auf ihre visionäre Begabung in die zeitgenössische Debatte einbringen und sich auf diese Weise mehr Gehör verschaffen wollte? Hat Hildegard selbst überhaupt einen Anteil an dem, was sie schreibt, oder ist alles gleichsam göttliches Diktat, das sie von einem virtuellen himmlischen Fernseher empfängt? War sie womöglich selbst gar nicht in der Lage, lateinisch zu schreiben, und bedurfte der Hilfe ihres Sekretärs Volmar, damit das, was sie hörte und sah, in eine annehmbare Form kam? All diese Fragen sind im Laufe der Hildegard-Forschung gestellt und höchst unterschiedlich beantwortet worden. Wenn man die Visionen Hildegards und den Einfluss dieser Begabung auf ihre Schriften und ihr Handeln verstehen will, ist es sinnvoll, drei Faktoren zu berücksichtigen, ohne ihre Gewichtung generell festlegen zu wollen. Da ist zum einen Hildegard selbst mit ihrer Persönlichkeit, mit ihrer Fähigkeit, hinter die Fassade der Dinge zu blicken, die wirklich handlungsleitenden Motive im Wirken einer Person wahrzunehmen, ihre je eigene Wahrheit zu erspüren und künstlerisch wiederzugeben.

Hildegard ist geprägt durch die Bücher, die sie gelesen hat, die Menschen, die ihr begegnet sind, mit denen sie ihre Gedanken und Vorstellungen geteilt und im Diskurs weiterentwickelt hat. All dies wird erhellt vom Schatten des lebendigen Lichtes, in dem Hildegards ganzes Leben sich entfaltet und das ihren Worten eine so bemerkenswerte Tiefenschärfe verleiht.

Ohne Zweifel kann man davon ausgehen, dass es in den Visionsschriften einen nicht unerheblichen Anteil an, wie Peter Dinzelbacher sagt, „rationaler Überformung und willentlicher Gestaltung“ gibt. Dieser Anteil zeigt sich zum einen in der Anordnung der Erklärungen zu den Visionsbildern, zum anderen in den sie erweiternden Ausführungen Hildegards. Hier nimmt sie mit eigenen Worten Stellung zu den aktuellen Fragestellungen der theologischen Debatten ihrer Zeit, weshalb Elisabeth Gössmann Hildegards theologische Werke dem Typus der Lehrvision zuordnet. Alois Dempf rechnet Hildegard aus den gleichen Erwägungen heraus dem Geschichtssymbolismus zu.

In Hildegards Schau kann man zwei Phasen unterscheiden. Zum einen die Vision, das Schauen eines Bildes, und zum anderen die Audition, die allegorische Erklärung des Bildes durch die göttliche Stimme. Wir dürfen uns diese Vorgänge allerdings nicht statisch oder in der Begrenzung auf das Schauen oder Hören vorstellen. Die Bilder, die Hildegard schaut, sind von dynamischer Bewegtheit und häufig mit der Wahrnehmung von Klängen verbunden.

Wissen, wo es langgeht – Hildegards „Liber Scivias“

„Scivias domini“ heißt übersetzt „Wisse die Wege des Herrn“. In ihrem theologischen Erstling schildert Hildegard in farbenprächtigen Bildern die Schöpfung, die Erlösung und das Ende der Welt. Es geht ihr darum, den Menschen zu zeigen, dass Gott die Entfaltung seiner Schöpfung begleitet und die Menschen zur Mitgestaltung am Schöpfungswerk einlädt. Eine Begründung dafür, dass sie zur Feder greift – sieht man einmal davon ab, dass sie sich von Gott beauftragt fühlt –, ist, dass diejenigen, die eigentlich berufen sind, das Wort Gottes zu verkünden, zu träge und ängstlich sind, um ihre Aufgabe wahrzunehmen. Da aber viele Menschen sich buchstäblich querlegen, wenn es darum geht, Mitarbeiter Gottes zu werden, müssen diejenigen, die, wie Hildegard, mit offenen Augen und

Ohren durch die Welt gehen, ihren Beitrag dazu leisten, dass Gottes Wort bei den Menschen ankommt. Kritik vonseiten der Priester kann sie zu diesem Zeitpunkt nicht mehr akzeptieren. Sie berichtet, wie Gott ihr die Frage beantwortet hat, ob sie als Frau denn in der Verkündigung tätig werden dürfe: Im „Liber Scivias" schreibt sie: „Ergieße dich wie ein überfließender Quell, verströme dich in geheimnisvoller Lehre, damit durch den Erguss deiner Flut jene aufgeschreckt werden, die dich wegen der Übertretung Evas mit Verachtung strafen möchten. Denn du erhältst diesen in die Tiefe dringenden Scharfblick nicht von einem Menschen, sondern du empfängst ihn vom himmlischen furchterregenden Richter aus der Höhe ... Erhebe dich also, rufe und verkünde, was dir kraft mächtigen göttlichen Beistands offenbart wird ... Und plötzlich erhielt ich Einsicht in die Schriftauslegung, in den Psalter, die Evangelien und die übrigen katholischen Bücher des Alten und Neuen Testamentes."

Jeder Abschnitt des „Scivias" beginnt mit einem farbigen, facettenreichen Bild. Sie schildert es jeweils in allen Details und erklärt dann, was es bedeutet. In ihrer Auslegung wird deutlich, dass sie den theologischen Mainstream auch da genau kennt, wo sie von ihm abweicht. Dies ist beispielsweise bei ihrer Darstellung der Rolle der Frau in der Schöpfung der Fall. Für den einen oder anderen männlichen Theologen war die Sache ganz klar. Eva, also die Frau, war an allem schuld. Sie hatte Adam überredet, den Apfel zu essen, und was konnte der arme Mann schon dafür, dass er einfach zu schwach war, um Nein zu sagen? Hildegard sieht die Angelegenheit ein wenig anders. Sie verschweigt nicht, dass Eva besser daran getan hätte, auf Gottes Weisung zu hören, betont aber gleichzeitig, dass eine andere Frau, Maria, genau dies getan hat. Der Fehler, den eine Frau gemacht hat, wurde von einer anderen Frau überwunden. Weil Maria Gott in sich Raum gegeben hat, hat sie das Sollkonto der Frauen sogar in ein Habenkonto verwandelt. „Und so ruht höchster Segen auf der Gestalt der Frau vor aller Kreatur", lässt Hildegard ihre Nonnen in einem ihrer Lieder singen und schafft ihnen so einen Erlebnisraum für weibliche Spiritualität.

Bemerkenswert ist der hohe Anteil an architektonischen Bildern, die den „Scivias" prägen. Hildegard lässt hier ganz offensichtlich die Erfahrungen einfließen, die sie auf der Baustelle Disibodenberg gemacht hat. Dass äußere und innere Form einander bedingen, hat sie dort sicherlich gelernt, und so spiegelt die Struktur des „Scivias" dessen Inhalt wider. Die Dreiteiligkeit des Buches verweist auf den dreifaltigen Gott, dessen Wirken in der Darstellung der Heilsgeschichte erlebbar wird und dessen Gegenwart in den Sakramenten erfahren werden kann.

Ethik im Gespräch – Hildegards zweites Visionswerk

Ist der „Liber Scivias" eine Glaubenslehre, so kann man den „Liber Vitae meritorum", das „Buch der Lebensverdienste", als eine Lebenskunde bezeichnen. Im Mittelpunkt dieses zweiten Visionswerkes steht der Mensch, der stets aufgerufen ist, sich zwischen Gut und Böse zu entscheiden. Die vielfältigen Lebenshaltungen treten in personifizierten Tugendkräften und Lastern in Erscheinung, die im Gespräch ihren jeweiligen Standpunkt vertreten. Der Topos der personifizierten Tugend ist auch zu Hildegards Zeit in der Literatur nicht neu. Sie greift auf spätantike Formen heidnischer Allegorien zurück, die christlich umgeprägt worden waren. Ganz ähnlich, wie sie es in ihren heilkundlichen Schriften machen wird, wo sie auch Vorhandenes rezipiert, aber ihre eigenen Erfahrungen einfließen lässt, handelt sie auch in diesem Fall. Sie modifiziert die personifizierte Darstellung der Tugenden so, dass ein neues ethisches Konzept dabei herauskommt, in dem vor allem die Aspekte der Aktion und der Kontemplation neu definiert sind. Denn bis dahin galt das Verhältnis von Virtus und Operatio, also von positiver Kraft und mitwirkendem Handeln, von Kontemplation und Aktion in dem Sinne als geklärt, dass beide als zwei verschiedene Ebenen menschlicher Orientierung anzusehen seien, deren erste man für die höherwertige hielt, gemäß der Perikope von Marta und Maria, wo Maria bekanntlich den besseren Teil erwählt hat. Hildegard nun verbindet beide zu einer Einheit, in der ein Teil eine andere Erscheinungsweise des anderen ist. Diese Sicht resultiert aus der Hochschätzung der Leiblichkeit als einer Weise der Gotteserfahrung ebenso wie aus dem Wissen, dass der Mensch nicht nur zur Teilhabe am Gotteslob als Opus angelorum, dem Werk der Engel, sondern auch zum Wirken in der Welt als Mitschöpfer Gottes berufen ist. Diese Berufung zum Wirken ist sogar Teil seiner Gottähnlichkeit, die die Engel nicht haben. Doch der Mensch hat in dieser Aufgabe versagt, indem er sich für das Böse, für die Abwendung von Gott, entschieden hat. Da, so schreibt Hildegard, sandte Gott seinen Sohn als Mensch für den Menschen und erneuerte die Welt durch den Heiligen Geist, der uns befähigt, Gott in uns wirken zu lassen und zugleich mitschöpferisch in der Welt tätig zu sein. Die Virtutes, die Gottes- und Herzenskräfte, ermöglichen dem Menschen den Aufstieg zur Visio, zur Schau Gottes, wenn er sich ihrem Wirken öffnet, weil in ihnen die die Menschen gottähnlich machende spirituelle Kraft zum mitschöpferischen Wirken konzentriert ist. Äußere Werke, z. B. der Barmherzigkeit, sind Beispiel dafür, dass die Virtutes im Menschen wirken. In besonders prägnanter Gestalt begegnen uns die Virtutes in Hildegards szenischem Singspiel „Ordo virtutum", wo sie in der Tradition Gregors des Großen sieben Tugenden, analog den sieben Gaben des Heiligen Geistes, darstellt. Anregungen für diese Theologie hat Hildegard aus den Schriften des Pseudo-Dionysos (Hierarchia celestis), des Eriugena (Periphyseon) und des Honorius Augustodunensis (Clavis physicae) erhalten, durchweg Autoren, die unter neuplatonischem Einfluss standen. Liest man Ausschnitte aus den Gesprächen der Tugenden und Laster, so kommen uns heute besonders die Argumentationen der Laster sehr bekannt vor:

Die Schlemmerei spricht:
„Gott hat alles geschaffen, warum also sollte ich es mir an irgendetwas fehlen lassen? Wüsste Gott nicht, dass man dies alles brauchte, so hätte er es nicht gemacht. Ich wäre ja verrückt, wenn ich vor all den schönen Dingen nicht meiner Lust folgen wollte, zumal auch Gott will, dass der Mensch für sein leibliches Wohl Sorge trage."

Die Enthaltsamkeit antwortet:
„Kein Mensch würde seine Zither so schlagen, dass ihre Saiten springen! Sind nämlich ihre Saiten einmal gesprungen, was bliebe dann von ihrem Klang? Gar nichts! Du stopfst deinen Bauch so voll, ... dass deine Adern beinahe platzen und sich in Krämpfen winden. Wo ist da noch eine Spur vom süßen Ton der Weisheit, die Gott dem Menschen verlieh? Stumm und blind bist du, und du weißt nicht, was du sprichst. Wie nämlich ein Regenguss das Land umwühlt, so bringt der unmäßige Genuss von Fleisch und Wein dem Menschen nur gotteslästerliche Verblendung ein."

Die Herzenshärte spricht:
„Ich habe nichts hervorgebracht und auch niemanden ins Dasein gesetzt. Warum sollte ich mich um etwas bemühen oder gar kümmern? So was werde ich schön bleiben lassen. Ich will mich für niemanden stärker einsetzen, als auch er mir nützlich sein kann. Gott, der da alles geschaffen, der soll auch schön dafür geradestehen und für sein All Sorge tragen! ... Was für ein Leben müsste ich führen, wenn ich auf alle Stimmen der Freude oder der Trauer antworten wollte! Ich weiß nur von meiner eigenen Existenz; möge auch jeder andere wissen, wer er ist!"

Die Barmherzigkeit antwortet:
„O du versteinertes Wesen, was behauptest du da? Die Kräuter bieten einander den Duft ihrer Blüten, ein Stein strahlt seinen Glanz auf die anderen, und jedwede Kreatur hat einen Urtrieb nach liebender Umarmung ... Ich bin in Luft und Tau und in

aller grünenden Frische ein überaus liebliches Heilkraut. Übervoll ist mein Herz, jedwedem Hilfe zu schenken ... Den Gebrochenen helfe ich auf und führe sie zur Gesundung. Eine Salbe bin ich für jeden Schmerz."

Die Gottlosigkeit spricht:
„Ich will nicht gehorchen: weder Gott noch irgendeinem Menschen! Würde ich nämlich einem anderen zu Willen sein, um auf seinen Vorteil Rücksicht nehmen zu müssen, so könnte er ja mit mir machen, was er wollte. Er würde meine Interessen nicht mehr im Auge haben ... Jede Angelegenheit, die auf meinen Nutzen zielt, will ich selber regeln, so wie dies jeder tut, wenn er kein Narr ist."

Die Frömmigkeit antwortet:
„Indem du zum Schlechten ansetztest, stürzt Gott dich schon wie einen Klumpen Blei in die Hölle, wo alle Kreaturen dich verfolgen werden. Wo ist dann noch deine Macht? Finsternis und Lästerung und Zermürbung beherrschen dich. Wo ruhst du aus? In Schmähungen. Wo findest du Frieden? In der Verwirrung. Wo ist eine Bleibe für dich? Dort allein, wo jeder gegen jeden steht, wo ein jeder immerfort nur sein Elend herleiert und wo es schließlich zu Mord und Blutvergießen kommt."

Und als letztes Beispiel spricht die Schwermut:
„Was ist noch mein Heil, wenn nicht Tränen? Was für ein Leben habe ich, wenn nicht Schmerz? Und was wird meine Hilfe sein, wenn nicht der Tod? Welche Antwort wird mir werden, wenn nicht das Verderben? Etwas Besseres gibt's nicht für mich."

Die Seligkeit antwortet:
„Du bist geradezu süchtig auf Peinigung und willst wohl nichts anderes mehr. Gott will angerufen sein und seine Güte sollte man aufsuchen. Du missgönnst dir dich selbst, da du

nicht auf Gott vertraust. Von Gott forderst du nichts, weshalb du auch nichts findest."[1]

Entfaltete Theologie – das Buch vom Wirken Gottes

Die dritte Visionsschrift Hildegards, der „Liber divinorum operum", das „Buch vom Wirken Gottes", entfaltet eine großartige Kosmostheologie. An diesem Werk wird zugleich auch deutlich, wie sich die Theologie Hildegards entwickelt hat. Folgt sie im „Scivias" noch der später auch von Thomas von Aquin und Bonaventura vertretenen Lehre von der Inkarnation infolge des Sündenfalles, postuliert sie im „Liber divinorum operum" die Praedestinatio Christi absoluta, die im Vorherwissen Gottes von jeher geplante Selbstoffenbarung in der Gestalt des Menschen. Sie teilt diese Position mit ihren Zeitgenossen Rupert von Deutz und mit Duns Scotus. „Im Logos", so schreibt sie, „ist … auch der Kosmos zum Heil berufen." Die ganze Welt wird so von Christus her gedeutet und der Zusammenhang von Mikro- und Makrokosmos mit dem Leben und dem moralischen Verhalten des Menschen entfaltet. Schaut Hildegard das Weltall im „Scivias" als Weltenei, so wird ihr nun das Weltenrad gezeigt, ein lebendiger Organismus, den die Trinität in ihren Armen, in ihrem Herzen trägt. Der Hildegard-Forscher Heinrich Schipperges sagt, dass die Welt im „Liber divinorum operum" für Hildegard so etwas wie ein „Organ Gottes", das „Herzwerk Gottes", eben Operatio dei geworden ist.

Das Bild des Rades versinnbildlicht statische Ruhe und zugleich dynamische Bewegtheit. Es ist ein Symbol für den Kreislauf der Natur und für die Endlichkeit unseres Lebens. Für Hildegard ist es nicht denkbar, von zwei Prinzipien, einem natürlichen und einem moralischen, auszugehen. „Es ist unmöglich", so sagt sie, „dass an einem Rade zwei Handwerker zugleich ih-

1 Aus: Hildegard von Bingen, Der Mensch in der Verantwortung. Das Buch der Lebensverdienste. © Otto Müller Verlag, 1993 Salzburg.

re Arbeit ausführen können." Es ist immer die eine große Ordnung, die sie sieht und die sie verkündet. Dabei lehnt sie eine Spaltung der Welt in das böse Irdische und das gute Geistige, wie die Katharer sie propagierten, ebenso ab wie einen monistischen Pantheismus, dem zu verfallen die Anhänger der Schule von Chartres in Gefahr waren. Das Rad ist ihr Symbol für das Ewige und das Zeitliche. Im Zentrum des Weltenrades steht die Erde. Christus hat sie in seiner Menschwerdung durchlichtet und aus der Macht der Dämonen befreit. Hildegard erläutert auf diesem Hintergrund die „Innenseite der Natur und der Welthaftigkeit des Menschen", das unmittelbare Verbundensein von Mensch und Kosmos mit allen, auch moralischen Konsequenzen. Die Worte, die sie dafür findet, heißen z. B. Ordo ad invicem, was man mit Ordnung in Aufeinanderbezogenheit übersetzen könnte, und Creatura per Creaturam continetur, was bedeutet, dass die Geschöpfe in dem Maße aufeinander angewiesen sind, dass sie allein für sich nicht bestehen könnten.

Heinrich Schipperges entdeckt darin ein gleichsam eucharistisches Weltbild und schreibt: „Und so ist jedes Geschöpf erst Wurzel, kommt durch Gebären und Keimen ans Licht, wird groß und reif und bringt Frucht, wird Brot und Trank und nimmt teil am kosmischen Mahle."

Das Buch vom Wirken Gottes ist untrennbar verbunden mit Hildegards visionärer Begabung. Sie gibt uns in ihm aber auch einen wunderbaren Hinweis darauf, dass der Glaube, ebenso wie die Welterkenntnis, letztlich vom Hören kommt: „Indem die Ohren den Klang einer jeden Erscheinung aufnehmen, kann jedes Ding der Natur, was und wo es auch sei, seinem Wesen nach erkannt werden. Aus diesem Grund strengt der Mensch, um dieses Wesen zu entdecken, auch eher seinen Geist an. Das Seelenvermögen, das durch die Ohren so empfindet, wie wenn es durch das Hören weiter nichts leiste, wird dabei nicht überdrüssig und keineswegs gesättigt, hat vielmehr das Verlangen, vieles noch darüber hinaus zu erkennen und sich zu merken ... Das Gehör ist in der Tat der Anfang der vernünftigen Seele."

Das kompositorische Werk

Die Seele klingt wie ein Lied

Das kompositorische Werk der Hildegard von Bingen umfasst 77 Gesänge und das geistliche Singspiel „Ordo Virtutum“. Die Gesänge sind uns heute überwiegend in zwei Hauptquellen – dem Villarenser Kodex und dem so genannten Riesenkodex – überliefert. Einzelne Gesänge finden sich darüber hinaus mit und ohne Notation in anderen Kodices. Die im Villarenser Kodex überlieferten Gesänge sind 1175 – also zu Lebzeiten Hildegards – mit anderen ihrer Werke als Geschenk für das befreundete Kloster Villers zusammengestellt worden. Die Anordnung der Gesänge folgt hier nicht strikt den gängigen liturgischen Richtlinien. Eine eigene Akzentsetzung wird unter anderem in der Anordnung der an Maria gerichteten Gesänge gleich hinter den an Gott Vater gerichteten deutlich. Diese Reihenfolge ist im Riesenkodex, der kurz nach Hildegards Tod zusammengestellt wurde, vermutlich mit Blick auf ihre angestrebte Heiligsprechung korrigiert worden. Von den insgesamt 77 Gesängen ist mit 16 ein relativ großer Anteil an Maria gerichtet. 12 dieser Gesänge sind bereits im Villarenser Kodex überliefert. Die Kompositionen Hildegards sind durchweg einstimmige Gesänge für die Liturgie des Stundengebetes und der Eucharistiefeier. Hildegard hat nicht nur für ihren eigenen Konvent komponiert, sie hat auch Kompositionsaufträge erhalten. Zumeist handelt es sich hierbei um Gesänge zu Ehren von Heiligen, denen das betreffende Kloster geweiht war. So hat sie ja beispielsweise nach ihrem Weggang aus Disibodenberg im Auftrag des Abtes Gesänge für die Liturgie zu Ehren Disibods komponiert. Auch bei den an Eucharius und Maximin gerichteten Gesängen geht man davon aus, dass diese in der Folge der Kontakte mit dem Konvent in Trier in Auftrag gegeben worden sind, dessen Patrone Eucharius und Maximin waren. Ebenso sind die zahlreichen Ursula-Gesänge sicher im Zusammenhang mit dem Briefwechsel Hildegards mit Elisabeth von Schönau und dem Klerus von Köln zu sehen.

Die Liturgie war im 12. Jahrhundert ein hochrangiges Betätigungsfeld für die Entfaltung künstlerischer und musikalischer Kreativität. Die Tatsache, dass viele der Gesänge, die Hildegard komponierte, an Heilige gerichtet sind, resultiert daraus, dass neue Impulse sich im Rahmen von Heiligenfesten am besten entfalten ließen. Denn hier war der Bedarf an Neukompositionen – besonders bei der Neu- und Wiederentdeckung von Reliquien – groß. Alle Gesänge Hildegard von Bingens sind in der Neumenschrift des 12. Jahrhunderts auf Vierliniensystem notiert.

Seit einigen Jahren wird im Bereich von Musikwissenschaft und Semiologie die Frage nach der rhythmischen Bedeutung der Neumenzeichen in Handschriften des 12. Jahrhunderts neu gestellt. Die enge Verbindung der Kompositionen dieses Jahrhunderts zum Repertoire des Gregorianischen Chorals wird dabei intensiv in den Blick genommen. Kann man, diesen Blickwinkel zum Maßstab machend, noch davon ausgehen, dass im 12. Jahrhundert äqualistisch, wobei jeder Ton gleich lang ist, oder mensuralistisch, wobei ein festgelegtes Rhythmussystem über die Töne gelegt wird, gesungen worden ist? Oder kann man annehmen, die Neumen zeigten lediglich die Tonhöhe an, und es sei den Interpretierenden selbst überlassen, wie sie die Gesänge gestalten, auch wenn dabei gleich notierte Stellen völlig verschieden ausgeführt werden?

Die Wirkmächtigkeit divergierender Forschungswelten oder: Wie singt man Hildegard von Bingen?

Die vielen Klangvarianten, in denen die Kompositionen der Hildegard von Bingen sich uns heute darbieten, resultieren nicht allein aus dem Interpretationsvermögen und -willen der Musikerinnen und Musiker, die sie singen und spielen, sie sind vielmehr der klingende Ausdruck divergierender Forschungswelten, die miteinander ins Gespräch zu bringen das Gebot der Stunde ist. Sie sprechen interessanter- oder auch seltsamerweise zunächst mit einer Stimme. Die Musikwissenschaft wie auch die die Gesetzmäßigkeiten des Gregorianischen Chorals Studierenden postulierten noch vor wenigen Jahrzehnten den ungefähren Gleichwert aller Noten, den Äqualismus.

Ungeachtet der vielen verschiedenen Zeichen, mit der die dank der Linien klar erkennbaren Tonhöhen notiert sind, nahm man an, dass diese entweder nie etwas anderes als den ungefähr gleichen Wert ausgedrückt hätten oder aber diesen infolge eines degenerativen Prozesses nunmehr nur noch auszudrücken in der Lage seien. Neben dem Chor der Äqualisten erklangen jedoch bald schon, der Forschungswelt der Gregorianisten entstammend, weitere Stimmen: die der Mensuralisten. Sie befanden sich mit den vormals erwähnten Äqualisten beider Forschungswelten so weit im Einklang, als dass sie der überlieferten Notation keine eigenen rhythmischen Informationen entnahmen. Statt des ungefähren Gleichwertes postulierten sie, je nach Standort, verschiedene Rhythmussysteme, die auf die Gesänge des Gregorianischen Chorals zu adaptieren seien. Die Bezeichnung Mensuralisten führt, sobald man in die Forschungswelt der Musikwissenschaft und die noch stärker zu beschreibende der historischen Aufführungspraxis wechselt, zu großer Verwirrung. Denn man versteht in diesen Welten den Begriff im Sinne eines klar definierten Notationssystems, das der Neumenschrift nachfolgte und sie in manchen Bereichen der musikalischen Produktion ersetzte. Ungeachtet dieser in der Regel nicht durch das Gespräch verbundenen Forschungswelten, gibt es in der aufführungspraktischen Landschaft Einspielungen, die der einen oder anderen dieser Welten zuzuordnen sind, ohne sich selbst in diesem Sinne definiert zu haben.

Man kommt also nolens volens in eine erhebliche Verwirrung, wenn man die verschiedenen Welten, die sich der Kompositionen Hildegards interpretierend bemächtigen, nicht mit großer Sorgfalt unterscheidet. In gewisser Hinsicht begegnen wir hier, wie Umberto Eco in seinem Essay „Auf dem Wege zu einem neuen Mittelalter“ ausführt, auch auf dem Feld der musikbezogenen Mediävistik der Frage, wie man die verschiedenen Forschungswelten zusammenfassend bezeichnen könnte. Es geht also nicht um ein, sondern um viele verschiedenen Mittelalter, die von den Standpunkten und Sichtweisen der jeweils Forschenden in ihrer Gestalt bestimmt sind. Während im Bereich der Musikwissenschaft die Äqualismusthese in Bezug auf den gesamten Bereich des Gregorianischen Chorals, angefangen von den adiastematisch, also in nicht auf einem Liniensystem geschriebenen Neumen überlieferten Kompositionen der Blütezeit bis zu den Spätwerken des hohen Mittelalters noch bis ins letzte Jahrzehnt hinein vertreten wurde, entwickelte sich parallel hierzu zunächst die Gregorianische Paläografie und später die Gregorianische Semiologie.

Während die erstere die Neumenzeichen an sich in ihrer je nach Region unterschiedlichen Schreibweise untersuchte, widmete sich die Gregorianische Semiologie der Bedeutung der Neumenzeichen in der im Gregorianischen Choral untrennbar engen Verbindung von Wort und Ton. In der unverkennbaren Begeisterung über die hochdifferenzierten rhythmischen Informationen, die die frühen adiastematischen Kodices des 9. bis 11. Jahrhunderts liefern, wurden die Kompositionen der Spätgregorianik als in rhythmischer wie musikalischer Hinsicht weniger ergiebiges Material zunächst wenig beachtet. Die fehlenden, rhythmische Informationen vermittelnden Zusatzbuchstaben, die weniger differenzierte Grafie der Neumenzeichen sowie das Verschwinden einiger rhythmisch besonders relevanter Schreibweisen führten dazu, dass auch die Semiologen eine äqualistische Singweise des Gregorianischen Chorals im 12. Jahrhundert sowie der zeitgenössischen Kompositionen dieser Zeit annahmen. Im Blick auf das, was nicht da ist, pflegt man jedoch leicht das zu übersehen, was noch oder in anderer Weise wieder vor Augen steht. Und so kam es, dass sich hier und da die Vermutung zu regen begann, dass im

12. Jahrhundert womöglich doch nicht ganz so äqualistisch gesungen worden sei, wie man zunächst annahm.

Als ich vor einigen Jahren sehr behutsam begann, Bekanntschaft mit Hildegard von Bingen und ihren Kompositionen zu schließen, geriet ich ganz unversehens zwischen alle Stühle. Nach dem Studium der Kirchenmusik und der Semiologie begab ich mich während des Studiums der Musikwissenschaft auf die Suche nach einem Promotionsthema und entdeckte dabei den Liederband mit den Kompositionen Hildegards wieder, der schon seit einiger Zeit in meinem Bücherschrank stand. Ich bin nicht sicher, was mich letztlich dazu bewog, aber aus nicht ganz geklärten Gründen teilte ich weder die Verachtung der Semiologen für die Kompositionen der Spätgregorianik noch die Ansicht der Musikwissenschaftler mit ihrem teilweise noch ganz unerschütterten Äqualismusstandpunkt. Mir schien es ganz offensichtlich zu sein, dass in den Quellen des Villarenser und des Riesenkodex' eine ganz und gar differenzierte, wenn auch anderen als nur den bekannten Gesetzmäßigkeiten nachhorchende Notation vorlag. Ich sah gewissermaßen die Quellen in einer, von der Semiologie aus betrachtet, umgekehrten Fokussierung und entdeckte die im Grunde ganz einfache Wahrheit, dass die Kompositionen Hildegards Zweige aus den Wurzeln des Gregorianischen Chorales sind.

In den letzten Jahren hat sich das Interesse der Semiologen verstärkt den Handschriften des 12. Jahrhunderts zugewandt. Im Gegensatz zu der in den ersten Jahrzehnten der Arbeit in dieser Forschungswelt angenommenen relativen Gleichwertigkeit aller Noten stellt sich nun mehr und mehr eine noch vorhandene, relative rhythmische Wertigkeit in der Spur der Handschriften der Blütezeit des Gregorianischen Chorales heraus. Allerdings haben sich vom 9. bis zum 12. Jahrhundert die Parameter gewandelt. Bedeutsames wird mitunter anstelle von subtiler rhythmischer Differenziertheit im Gewande verbreiterter Melodik, wie beispielsweise durch die bei Hildegard häufig vorkommende, sprunghaft nach oben und sich schrittweise nach unten entfaltende Durchmessung großer Tonräume, dargestellt. Die Beobachtungen, die ich selbst in den letzten Jahren gemacht und in den Arbeiten anderer Wissenschaftler mitverfolgt habe, lassen es mir angeraten sein, in Bezug auf die Musik Hildegards von Bingen einen Begriff einzubringen, der schon viel strapaziert worden ist. So mag er auch noch ganz gut eine weitere Ausweitung vertragen: Die historische Aufführungspraxis galt in der Zeit ihrer Entstehung als ein Feld der Beschäftigung mit der Barockmusik. Mehr und mehr weitete sich die Tätigkeit der in dieser Weise Forschenden und Musizierenden auf die Musik der Romantik und letzthin sogar auf die der Moderne aus. Was kann es bedeuten, diesen Begriff auch auf die Musik des Mittelalters zu beziehen? Auf den ersten Blick könnte man meinen, eine solche Diskussion sei obsolet, da es ja schon die Forschungswelt der historischen Musikpraxis gibt, in der sich wissenschaftliche und künstlerische Beschäftigung mit der Musik miteinander verbinden. Jedoch: Auch diese Forschungswelt ist eine Insel, die mitunter relativ unverbunden neben den Forschungswelten der Musikwissenschaft und der Semiologie existiert. Historische Aufführungspraxis des Mittelalters müsste also als musikbezogene Mediävistik der Ort sein, an dem die divergierenden Forschungswelten miteinander ins Gespräch kommen und kooperieren. Die Musik der Hildegard von Bingen ist nicht zu verstehen ohne das Studium ihrer theologischen Werke, mit denen sie formal und inhaltlich aufs Engste verbunden ist. Sie ist nicht zu verstehen, ohne in Berührung zu kommen mit dem Wesen der Liturgie, aus der heraus und für die sie entstanden sind. Sie sind nicht zu verstehen ohne die Kenntnis der kirchenpolitischen Situation, aus der heraus etwa der Konflikt mit der Reformerin Tengswich von Andernach über die liturgische Praxis in Hildegards Kloster sich entwickelte. Und sie ist nicht zu verstehen ohne den Vergleich mit zeitgenössischen Kompositionen und mit Kompositionen des 11. Jahrhunderts, die in mehrfacher Hinsicht die Nahtstelle zwischen den Gesängen des Gregorianischen Chorals und denen Hildegards sind. Will man nun die aufführungspraktischen Konsequenzen aus dem bisher Gesagten skizzieren, sind vor allem zwei Punkte in den Blick zu nehmen: die auf der Grundlage der Ergebnisse der Gregorianischen Semiologie ableitbare Bedeutung der Neumenzeichen und die Liturgiezität der Kompositionen.

Ich bin fest davon überzeugt, dass die Zeit vorüber ist, in der man die Notation Hildegards als rhythmisch wertfrei und beliebig interpretierbar ansehen konnte. Und ich bin ebenso überzeugt, dass eine Darstellung der Gesänge, die den Ort außer Acht lässt, für den sie gemacht sind, die Fülle ihrer Bedeutung nicht oder nur sehr eingeschränkt vermitteln kann. Dass bedeutet nicht, dass eine Aufführung stets im Rahmen einer gottesdienstlichen Situation stattfinden solle, aber es besagt, dass es für eine adäquate Darstellung unerlässlich ist, sich die Grundhaltung zu vergegenwärtigen, aus der heraus und für die Hildegard ihre Gesänge geschrieben hat. Um es mit ihren eigenen Worten zu sagen: „Die Seele ist symphonisch" und: „In dir singt und spielt der Heilige Geist, denn du bist den Chören der Engel zugesellt."

Ein Blick ins Detail: Die Mariengesänge des Villarenser Kodex

Die Mariengesänge des Villarenser Kodex sind in mehrfacher Hinsicht repräsentativ für das kompositorische Gesamtwerk Hildegard von Bingens. Beispielsweise ist, nimmt man die Wahl der im Mittelalter Modi genannten Tonarten in den Blick, auffallend, dass Hildegard den E-Modus in ihren Kompositionen am häufigsten verwendet. Der A- und der C-Modus, die in der Reihenfolge der Häufigkeit an nächster Stelle stehen, bilden den Tonvorrat für je drei an Maria gerichtete Gesänge des Villarenser Kodex. Eine Antiphon – O frondens virga –, die nur in diesem Kodex überliefert ist, steht im D-Modus.

Auch die Wahl der Gattung gleicht in der Reihenfolge der Häufigkeit einem Spiegel des Gesamtwerkes. Sieben der Gesänge sind Antiphonen, drei Responsorien, einer eine Sequenz und einer ein Hymnus. Zu den Gattungsbezeichnungen im Werk Hildegard von Bingens ist zu sagen, dass sie, im Vergleich zu den gleichnamigen Formen im Bereich des Gregorianischen Chorales, eine andere Entwicklungsstufe darstellen. Hildegard von Bingen veränderte die überlieferten Formenkriterien. Der Tonumfang der Mariengesänge des Villarenser Kodex liegt im Durchschnitt bei eineinhalb Oktaven, einer bei Hildegard durchaus üblichen Ausdehnung, die bei den Ausführenden Professionalität einfordert und zugleich einen Einblick in das gibt, was Hildegard offenbar von ihrem Konvent verlangen konnte.

Betrachtet man die Texte der Gesänge, so ist festzustellen, dass sich inhaltliche Schwerpunkte ergeben, die allen Mariengesängen Hildegards gemeinsam sind. Hildegard stellt Maria dar als eine, die handelt, die aktiv wirkt und mitwirkt. Ebenso lässt sie ein Bild von Maria vor unseren Augen entstehen, das sie als eine zeigt, die für das Wirken Gottes an ihr offen ist, an der also gehandelt wird.

Wichtig in fast allen Gesängen sind zudem die Gegenüberstellung von Eva und Maria und die Herausarbeitung der Folgen ihres Handelns für das Heilsgeschehen. Eva wird dabei ebenso wie Maria als aktiv wie auch als rezeptiv beschrieben. In allen Gesängen Hildegards werden in reichem Maße Anrufungen verwendet, die die Kompositionen als gesungene Gebete kennzeichnen. Dies trifft auch für die Mariengesänge zu. Die Attribute, die Maria dabei beigegeben werden, lassen etwas von der Theologie und vom Frauenbild Hildegards durchscheinen. Nimmt man die ersten beiden Schwerpunkte in den Blick, ist zunächst ein ungefähres Gleichgewicht in der Häufigkeit der Darstellung Marias als Handelnder wie auch als einer, an der gehandelt wird, festzustellen. Herausragend in der Darstellung Marias als Handelnder sind die Responsorien Ave Maria, o auctrix vite und O clarissima mater. Beide verwenden Begriffe, die Maria ein hohes Maß an Aktivität und Kreativität zusprechen. Auffallend häufig verwendet Hildegard an zentralen Stellen Verben wie edifficare (bauen), reedifficare (wiederaufbauen) und destruere (zerstören). Hier ist, wiewohl es sich zugleich auch um eine biblische Sprache handelt, sicher nicht der Einfluss zu unterschätzen, den Hildegards Erfahrung mit Bautätigkeiten gehabt hat – die lange Phase der Erweiterung der Klosteranlagen auf dem Disibodenberg ebenso wie der später unter ihrer Leitung entstandene Rupertsberger Konvent sind hier zu nennen. Beide Responsorien zeichnen das Bild einer handlungsfähigen und handlungswilligen Frau. Während in „Ave Maria, o auctrix vite" die Lehre von Maria als Miterlöserin heilsgeschichtlich entfaltet wird, spezifiziert Hildegard dies in „O clarissima mater" hinsichtlich der heilsamen Wirkung dieser Lehre für die Einzelnen. Besonders schön ist hier das Bild von der Mater sancte medicine, der Mutter der heiligen Heilkunst, die durch ihren Sohn Salben in die schmerzenden Wunden des Unlebendigen gießt. An dieser Stelle wird zum einen eine Identifikation Hildegards deutlich, die ja in Deutschland in den letzten Jahrzehnten zunächst als Heilkundige, dann erst als Komponistin bekannt geworden ist. Zum anderen legt sich hier eine sakramentale Deutung des Handelns, das Maria zugeschrieben wird, nahe. Die Beschreibung von Maria als einer Frau, die durch ihr heilendes Handeln dazu beiträgt, den Zustand des Menschen von der krankmachenden Zerrissenheit zu vertrauender Ganzheit hin zu verwandeln, scheint dafür zu sprechen, dass Hildegard dieses Tun als priesterlich empfunden hat. Aufschlussreich für das Frauenbild Hildegards ist auch die Antiphon „Quia ergo femina". Frauen sind hier in der Gegenüberstellung von Eva und Maria die alleinigen Handlungsträgerinnnen. „Den Tod, den eine Frau gebracht", so heißt es dort, „hat eine lichte Jungfrau überwunden. Darum kommt höchster Segen vor aller Welt aus dem Wesen, aus der Gestalt der Frau", der Feminea forma, weil Gott durch eine Frau Mensch wurde.

Man ist heute leicht in der Gefahr, die umwandelnde Kraft zu übersehen, die sich hinter diesen Worten verbirgt. Üblicherweise wurden die Schöpfungsgeschichte und der Sündenfall im 12. Jahrhundert nämlich dahingehend interpretiert, dass

Eva durch ihr Tun ein nicht wiedergutzumachendes Unrecht in die Welt gebracht habe, das nun allen Frauen – als ihren Töchtern – angerechnet wurde. Zwar wurde durch das Handeln Marias ein gewisser Ausgleich erzielt, doch konnten die Frauen sich diesen kaum zugutehalten, da sie ihr Vorbild – Jungfrau und Mutter – niemals vollkommen nachahmen konnten. Hildegard schreibt in diesem Gesang nun nicht nur von der Überwindung der Schuld Evas, sondern auch von dem höchsten Segen, der vor aller Welt, vor aller Kreatur auf der Gestalt der Frau ruht und aus ihr hervorgeht. Das Singen eines solchen Textes in der Liturgie bedeutete befreiendes Handeln und ein sich Distanzieren von einer Theologie, die die Frauen um ihres Geschlechtes willen schuldig sprach. Ähnliches findet man im Text der Antiphon „O quam magnum miraculum", in der die Bewertung des Handelns von Eva und Maria gegenüber weit verbreiteten Thesen dahingehend verändert wird, dass durch das Tun Marias mehr an Gutem entstanden ist, als Eva durch ihr Tun zu zerstören vermochte. In anderen Antiphonen, wie etwa in „Cum erubuerint", wird das Handeln Marias im Hinblick auf die Verantwortung des Menschen und seine Verpflichtung zur Mitarbeit an der Schöpfung gedeutet.

Bei der Gegenüberstellung von Eva und Maria fällt auf, dass das Destruktive, das Eva zugeschrieben wurde, nie in der sonst häufig begegnenden Ausschließlichkeit ihrem Sein als Frau angelastet wird. Wohl tauchen gelegentlich die Bezeichnungen Femina (Frau) bzw. Mulier (Weib) anstelle des Namens auf, doch zumeist, wie in „O quam magnum miraculum", in Konstruktionen, die eine Identifikation des Negativen mit der Frau ausschließen. Die Bezeichnung Femina wird beschreibend, nicht als Folge des Sündenfalls oder diesen begründend, gebraucht. In der Mehrzahl der Fälle wird Eva als Handelnde dargestellt. Vielfach benutzt Hildegard die gleichen Verben, um ihr Tätigsein zu verdeutlichen, wie in der Beschreibung Marias als Handelnder. Auf diese Weise lässt sie ihre große Achtung vor der Freiheit der Menschen erkennen.

Bei den zahlreichen Preisungen, die Hildegard in ihren Mariengesängen verwendet, findet sich weit häufiger die Form der Beschreibung befreienden Handelns als die Form der Bitte. Dadurch wertet sie beide, Sängerin und Besungene, auf, indem sie erstere nicht ständig in die Rolle der demütig Bittenden drängt, der zweiten aber ihr Tun als etwas real zu Preisendes, nicht nur als etwas Mögliches zuspricht. Unter den Maria beigegeben Attributen nimmt die Bezeichnung als Jungfrau – direkt, wie auch in vielfältig die Jungfräulichkeit deutenden Begriffen – den höchsten Stellenwert ein. Dazu ist zu sagen, dass für Hildegard diese Lebensform auch deshalb eine besonders hochwertige war, weil sie in weit größerem Ausmaß Selbstverwirklichung in geistiger wie geistlicher Hinsicht versprach als etwa die Ehe.

In vielen Klöstern erhielten Frauen im 12. Jahrhundert eine wissenschaftlich qualifizierte Ausbildung. Sie konnten – anders als etwa die verheirateten Frauen des Adels – relativ ungehindert forschen und unter günstigen Umständen, wie Herrad von Landsberg oder Hildegard von Bingen, die Ergebnisse ihres Denkens anderen Forschenden zugänglich machen. Jungfräulichkeit bedeutete also nicht in erster Linie Verzicht, sondern vielmehr einen Zugewinn an Autonomie und Arbeitsmöglichkeiten. Die heute so vielbeachteten natur- und heilkundlichen Schriften Hildegards zeugen beispielsweise von der Wahrnehmung einer Aufgabe, die einer mittelalterlichen Äbtissin ganz selbstverständlich zukam, nämlich der Beaufsichtigung der Versorgung der Kranken.

Vielfältige Erwähnung finden aber auch die Formen der Mutterschaft Marias, die als Urheberin des Lebens, Mutter der Heilkunst, Gottesgebärerin und Mutter aller Freude bezeichnet wird. Die Erfahrungen dieser Mutterschaft werden dabei als freudiges Erleben des Leibes dargestellt. Dass Hildegard in ihrem Konvent solchem Erleben bewusst Raum geben wollte, wird an Besonderheiten deutlich, die sie in die Feier der Liturgie einfließen ließ. Hildegard verteidigt sich gegen die Kritik von Tengswich jedoch mit dem Hinweis auf die Autonomie der

Jungfrauen, die sich nicht den Wünschen eines (Ehe-)Mannes unterzuordnen hätten, sondern denen stattdessen die Freiheit gegeben sei, sich für die Begegnung mit Christus zu schmücken.

Das Marienbild der Hildegard von Bingen spricht nicht nur für sich selbst und die damit verbundene Spiritualität ihres Konventes. Es verweist uns zugleich auf positive Gegenentwürfe zu einem Frauenbild, das auf Unterordnung abzielt, indem es unerreichbare Identifikationspunkte anbietet und zugleich darauf beharrt, dass alle Frauen durch die Fehlhandlung einer Frau – nämlich Eva – belastet sind.

Gegenentwürfe zu diesem Frauenbild zum Klingen zu bringen, das kann auch dann zu befreiendem Handeln werden, wenn die Belastung nicht durch Negativprojektionen, wie sie im 12. Jahrhundert in Gebrauch waren, sondern durch Bindungsängste, wie sie für unser Jahrhundert kennzeichnend sind, zustande kommt. Denn die Aktivität, die Hildegard Maria zuspricht, ist eine Aktivität für jemanden. Ihre Offenheit mitzuwirken, indem sie an sich handeln ließ, ist zugleich Hinwendung zu jemandem.

Hildegards heilkundliche Schriften im Kontext ihrer Zeit

Kranksein als Normalität

Die medizinische Behandlung erkrankter Menschen folgte im Mittelalter gänzlich anderen Grundsätzen, als dies heute der Fall ist. Wer den spezifischen Ansatz verstehen will, der der Heilkunde Hildegards zugrunde liegt, tut gut daran, einen Seitenblick auf die Medizingeschichte zu werfen, auf deren Hintergrund er sich entwickelt hat.

Mit der Ausbreitung des Christentums verbreitete sich eine neue Sicht auf die Ursachen und Behandlungen der Krankheiten, die auch einige problematische Aspekte hatte. Manch ein Gottesmann ging nämlich davon aus, dass die Krankheiten von Gott gesandte Prüfungen oder Strafen für begangene Sünden seien. Wenn Krankheit so verstanden wird, wird der Arzt jedoch schnell zu einem Menschen, der Gott ins Handwerk pfuscht. Denn vielleicht will der Allmächtige ja gar nicht, dass der Kranke geheilt und damit der Chance beraubt wird, für seine Fehltritte zu büßen. Die Auseinandersetzung über diese Frage zieht sich ungeachtet aller heilkundlichen Bemühungen durch das ganze Mittelalter. Das in unserer Zeit in Esoterikkreisen fröhlich Urstände erlebende Vorurteil, kranke Menschen seien selbst an ihrem Zustand schuld, weil sie nicht positiv genug gedacht oder nicht gut genug auf ihre Aura Acht gegeben haben, hat tiefe Wurzeln. Ein Beleg dafür, dass es auch im Judentum verbreitet war, zeigt der folgende Abschnitt aus dem Johannesevangelium: „Unterwegs sah Jesus einen Mann, der seit seiner Geburt blind war. Da fragten ihn seine Jünger: Rabbi, wer hat gesündigt? Er selbst? Oder haben seine Eltern gesündigt, sodass er blind geboren wurde? Jesus antwortete: Weder er noch seine Eltern haben gesündigt, sondern das Wirken Gottes soll an ihm offenbar werden" (Johannes 9,1–3). Das

Interessante an dieser Schriftstelle ist: Jesus selbst ging offenbar keineswegs davon aus, dass eine Erkrankung auf ein Fehlverhalten zurückzuführen sei, weder auf eigenes noch auf – wie es seine Jünger annahmen – das der Eltern. Jesu Reaktion und die Tatsache, dass er den Blindgeborenen anschließend heilte, ermutigte denn auch all jene, die sich im Früh- und Hochmittelalter für kranke und leidende Menschen einsetzten.

Diejenigen, die in der Heilkunde arbeiteten, entwickelten ganz bewusst ein Gegenbild zur fehlgeleiteten Sicht von der Krankheit als Folge der Sünde. Ein um das Jahr 800 entstandenes Dokument eines Mönches, dessen Name nicht überliefert ist, der so genannte Lorscher Kodex, der in der Schreibstube des Monasterium Sancti nazarii entstand und der aus dem Besitz Heinrichs II. an das Bamberger Domkapitel übergegangen ist, beschreibt den Zustand des Menschen folgendermaßen: „Wir Menschen, wir alle, von Mühsal beladen, von Nöten geplagt, von Drangsal verfolgt, wir finden uns wieder in der Situation des leidenden Hiob. Wir tragen – mit dem Apostel Paulus – unsere Krankheit im Fleische, tragen zeitlebens mit uns diesen Stachel des Todes. Wir alle befinden uns in der Lage eines Reisenden, des „Homo viator", der unterwegs – „in Statu viatoris" – allein von der Hoffnung lebt und sein Heil zu wirken hat unter Furcht und Zittern." Was in unseren Ohren zunächst merkwürdig klingen mag, erweist sich als ein Menschenbild, das von dem unserer heutigen Zeit grundsätzlich verschieden ist. Bei uns gilt, anders als im Mittelalter, der junge, gesunde, fitte Mensch als der Normalfall – ein Bild, das angesichts der steigenden Zahl älter werdender Menschen nur scheinbar gerade im Wandel begriffen ist: Denn dem Bild des jungen, gesunden und fitten Menschen wird das Bild des alten, gesunden und fitten Mensch an die Seite gestellt.

Eine andere Norm galt im Mittelalter, nämlich eine Art mittlerer Zustand zwischen nicht ganz gesund und nicht sehr krank. Für diesen Menschen, der mit allerlei Gebrechen auf seinem oft mühsamen Lebensweg unterwegs ist, entwickelte der Mönch im Lorscher Kodex in Form eines literarischen Dialoges ein Lebenskonzept. Die Kunst, die Gesundheit zu erhalten, ist das Stichwort, das die Grundlage der frühmittelalterlichen Heilkunde bildet. Sie setzt in der Tat nicht erst dann an, wenn ein Mensch schwer erkrankt ist, sondern gibt Lebensregeln an die Hand, wie er anhand einer ausgeglichenen, von Maßhaltung geprägten Lebensführung seine Gesundheit erhalten kann. Als Belege für die Richtigkeit seiner Thesen zieht der Mönch zahlreiche Stellen aus dem Alten und Neuen Testament heran, wobei er besonderen Wert auf die Sichtweise des Apostels Paulus legt, der die Heilkunst als Geschenk des Heiligen Geistes versteht.

Auch der Kirchenvater Augustinus nannte unter den Aufgaben des Arztes neben der Heilung der Krankheiten ausdrücklich die Bewahrung der Gesundheit (Ennarratio in Psalmum VII). Ganz ähnlich argumentiert der hochmittelalterliche Theologe Thomas von Aquin: „Die Medizin hat zweierlei Aufgaben. Die eine besteht darin, das Krankhafte hin zur Gesundheit zurückzulenken. Dies braucht der Kranke. Die andere Aufgabe richtet sich nach vorwärts, hin auf die vollkommene Gesundheit. Die gilt nicht für den Kranken, wohl aber für den Gesunden."

Der Autor des Lorscher Kodex greift in seiner Begründung einer Gesundheitslehre auch noch einmal die Theorie von der Krankheit als Strafe für die Sünde auf, die er am Beispiel des Apostels Paulus, der erblindete, nachdem er – noch unter dem Namen Saulus – aufbrach, um die Christen von Damaskus zu verfolgen und auf dem Weg Jesus, dem Herrn, begegnete. Die Tatsache, dass Krankheiten die Strafe für begangene Sünden oder, wie bei Hiob, eine von Gott auferlegte Prüfung sein können, streitet der Mönch keineswegs ab. Er besteht aber darauf, dass es darüber hinaus auch Krankheiten gibt, die die Folge unmäßiger Leidenschaften oder eines falschen Lebenswandels sind. Während für die beiden ersten Krankheitsarten die Gnade Gottes das einzige Heilmittel ist, gibt es für Erkrankungen, die beispielsweise die Folgen falscher Ernährung sind, heilende Kräuter und medizinische Verordnungen.

Die Gnade und die Medizin

Wie schmal die argumentative Basis im Früh- und Hochmittelalter war, zeigt die Mühe, die der Mönch sich macht, um herauszuarbeiten, wo Raum für die Gnade ist und wo man einen Menschen einer medizinischen Therapie unterziehen sollte. Das Problem dabei war, dass der Gnade Gottes natürlich keine Grenzen gesetzt werden können. Auch eine durch Fehl- oder Mangelernährung ausgelöste Krankheit kann selbstverständlich einen Menschen treffen, der, wie man im Mittelalter sagte, ein verhärtetes Herz hatte. Und es bestand die Möglichkeit, dass die Zuwendung des Arztes neben dem erkrankten Körper auch heilsam auf das verwundete Herz einwirkte, und das war dann natürlich ein Gnadenakt. Der Lorscher Kodex macht außerdem eindeutig klar, dass Gott jederzeit jedwede Krankheit durch ein Wunder heilen kann. Das entbindet uns, wie der Mönch eindringlich betont, aber keineswegs von der Verpflichtung, den Kranken jede Fürsorge zukommen zu lassen. Auch für diese Position zieht er wirkmächtige Beispiele aus der Heiligen Schrift heran, wie etwa jene Stelle, in der Jesus sich von einer Sünderin mit heilendem Öl die Füße salben lässt. Im Kern geht es dem Mönch darum klarzustellen, dass man Krankheiten behandeln muss, diese aber immer mehr als eine Ursache haben, und dass nicht jeder Aspekt einer Krankheit therapierbar ist. Ja, es ist sogar denkbar, dass dies gar nicht wünschenswert ist, weil es den Kranken aus der Verantwortung für sein eigenes Leben entließe.

Es geht in der früh- und hochmittelalterlichen Heilkunde immer um ein komplexes Geflecht von Beziehungen zwischen dem Kranken, seiner Umwelt, dem Arzt und nicht zuletzt Gott. Ein praktisches Beispiel: Wer heute mit Bluthochdruck zum Arzt geht, wird, wenn er einen guten Mediziner antrifft, außer einem Medikament auch Ernährungstipps und Verhaltenshinweise erhalten. Zuallererst aber bekommt man zumeist eine Pille in die Hand. Im Mittelalter funktionierte dieser Prozess genau umgekehrt. Am Beginn einer Behandlung stand ein längeres Gespräch – das in der heutigen Medizin am schlechtesten bezahlt wird –, während ein Arzt für die Verordnung einer Pille oder den Einsatz von Geräten viel mehr Geld erhält. In einem solchen Gespräch wurde etwa abgeklärt, wovon sich der Patient ernährte, ob er leicht in Zorn geriet, wie er sich mit Familie und Nachbarn verstand und ob er regelmäßig betete. Trank er viel Alkohol, aß er viel fettes Fleisch, lag er andauernd mit seinen Nachbarn im Streit und hatte er keine Ahnung, was Beten bedeutet, bekam er einen detaillierten Ernährungsplan, den Hinweis, er solle das nächste Mal erst ein Klafter Holz hacken, bevor er seine Frau anbrüllte, und man lehrte ihn beten. Erst, wenn all dies noch nicht ausreichend wirkte, erhielt er zusätzlich ein heilendes Kraut.

Und noch etwas unterscheidet die Medizin des Früh- und Hochmittelalters ganz entscheidend von unserer heutigen. Wenn man eine Krankheit, was leider nicht selten vorkam, nicht heilen konnte, ließ man den Kranken nicht allein, man lehrte ihn, damit zu leben. Dazu gab man ihm praktische Beispiele aus der Heiligen Schrift an die Hand, wie z. B. das Buch Hiob, in dem die Geschichte eines Mannes beschrieben wird, der alles hat, was man sich im Leben wünschen kann, der dann aber all das, den Großteil seiner Familie, seinen Besitz und seine Gesundheit, verliert und der es lernt, dieses Schicksal anzunehmen. „Gott hat es gegeben, Gott hat es genommen, groß ist die Gnade des Herrn", so lautet der Schlüsselsatz dieses biblischen Buches. Was uns heute fast zynisch erscheint, erweist sich bei näherer Betrachtung als Zauberwort für ein neues Leben. Was man nicht ändern kann, muss man akzeptieren. Wer das begriffen hat, lebt und stirbt leichter, und genau das haben die heilkundigen Männer und Frauen des Früh- und Hochmittelalters ihren Patientinnen und Patienten unermüdlich nahegelegt.

Ein eigener Zweig am Baum der Medizin

Hildegard entfaltete ihr heilendes Handeln also auf einer klar definierten Grundlage und stand in einer bis in die Antike zurückreichenden Tradition. Sich mit Heilkunde auseinanderzusetzen, das ergab sich für sie zwangsläufig, denn ein Kloster war im Mittelalter auch insofern autark, als die Mönche oder Nonnen dort behandelt und gepflegt wurden. Wenn eine Schwester krank wurde, schickte man sie also nicht zum Arzt oder ins nächstgelegene Krankenhaus, sondern in die Krankenabteilung, über die jedes Kloster verfügte, und für die eine eigens dafür ausgebildete Nonne zuständig war. Als Äbtissin hatte Hildegard die übergeordnete Verantwortung. Möglicherweise ist sie aber auch vorher in diesem Bereich tätig gewesen. Dies würde erklären, warum sie über so weitreichende medizinischen Kenntnisse verfügte und warum sie ungeachtet der Tatsache, dass sie ihr Wissen auch aus überlieferten heilkundlichen Werken, Kräuterbüchern oder der so genannten Volksmedizin schöpfte, des Öfteren zu anderen Anwendungsweisen riet oder zusätzliche Behandlungsvorschläge machte, die man sonst nirgendwo lesen kann.

Ursprünglich waren ihre medizinischen Erkenntnisse in einer einzigen Schrift zusammengestellt, die in den Jahren 1151 bis 1158 entstand. Zu diesem Zeitpunkt hatte Hildegard gerade ihr eigenes Kloster auf dem Rupertsberg gegründet. Sie war also neben ihrer seelsorglichen Tätigkeit mit administrativen Aufgaben wie der Organisation des Konventes, der Bauaufsicht und der Akquirierung von Finanzen so ausgelastet, dass es sinnvoll war, den Bereich der Krankenpflege einer dafür geeigneten Mitschwester anzuvertrauen und ihr mit dem Heilkundekodex ein geeignetes Nachschlagewerk zur Verfügung zu stellen. Schon im 13. Jahrhundert wurde es in zwei Werke, die Physica genannte Naturkunde und die Causae et curae genannte Heilkunde, aufgeteilt. Die Naturkunde befasst sich mit den Qualitäten, den Eigenschaften und dem Nutzen der Pflanzen, der Elemente, der Bäume, Steine, Fische, Vögel, Tiere, Reptilien und Metalle für den Menschen. Sie ist gemäß der Reihenfolge ihrer Erschaffung gegliedert. Dieser Rückbezug auf den Schöpfungsbericht in einem naturwissenschaftlichen Werk ist typisch für die Denkweise des Mittelalters. Nichts, absolut gar nichts, wurde aus dem Zusammenhang gerissen betrachtet. Alles Geschaffene hatte seinen Ort im Gesamtgefüge des Kosmos, und es wurde für unverzichtbar gehalten, daran zu erinnern.

Der unbestreitbare Vorteil eines solchen wissenschaftlichen Ansatzes ist, dass er ganz wesentlich zur Vermeidung von Fehlern beiträgt, die entstehen, wenn man diese Zusammenhänge vergisst. In unseren Krankenhäusern könnte man Millionenbeträge einsparen, wenn man die Ernährung der Patienten ihrem Krankheitsbild flexibel anpassen würde. So aber erhält man als Patient häufig noch nicht einmal das ausgewählte Menü, weil aus Gründen der Einsparung in der Küche nicht qualifiziertes, unterbezahltes Personal beschäftigt ist. Die Einbindung in ein als sinnvoll gestaltet erlebtes Schöpfungsganzes ist aber keineswegs gleichbedeutend mit einem Verzicht auf wissenschaftliche Genauigkeit. Gerade da, wo Hildegard die dargestellten Arten, wie z. B. den Fischbestand in Rhein und Nahe, aus eigener Anschauung kennt, beschreibt sie sie so genau, dass die „Physica" in diesem Bereich bis in die Neuzeit hinein als Standardwerk galt. Wo ihr der lateinische Begriff unbekannt war, verwendete sie den deutschen, sodass die „Physica" und die „Causae et curae" auch für Germanisten zu einer interessanten Quelle wurden.

Dort, wo sie sich weniger gut oder gar nicht auskannten, griffen die Autoren des Mittelalters gern auf überlieferte Werke zurück, aus denen sie unbekümmert abschrieben. Das gilt auch für Hildegard. So schildert sie das Einhorn als ein Wesen, das nur von einer gutaussehenden adeligen Jungfrau gefangen werden könne, die man zu diesem Zweck alleine in den Wald schicken müsse, damit das Tier sich in ihrem Schoß niederlasse.

Zitate mit Fußnoten zu versehen oder im Fließtext den Autor zu nennen, von dem man abgeschrieben hatte, galt im Mittelalter nicht als erforderlich. Es gab kein Urheberrecht, das geistiges Eigentum schützte, und so ist es eine mühsame, kleinteilige Arbeit herauszufinden, welche Quellen Hildegard verwendet hat und welche Ideen von ihr selbst stammen. Bei ihren medizinischen Schriften wird diese Arbeit noch zusätzlich dadurch erschwert, dass die ältesten überlieferte Quellen aus dem 13. Jahrhundert stammen. Dabei handelt es sich um Abschriften, die möglicherweise ihrerseits von den Kopisten ergänzt und bearbeitet wurden. Im Gegensatz zu den theologischen Werken, den Kompositionen oder dem Briefwechsel liegt uns also keine von Hildegard autorisierte Fassung vor. Ein Anhaltspunkt, um herauszufinden, ob das, was in den beiden natur- und heilkundlichen Werken zu lesen ist, wirklich von Hildegard stammt, ist der inhaltliche Abgleich mit ihren theologischen Schriften. Da, wo sie im Widerspruch zu den medizinischen Schriften stehen, liegt es nahe anzunehmen, dass es sich bei diesen Werkteilen um eine spätere Ergänzung handeln muss. Fragwürdig ist beispielsweise, ob sich, wie es in dem so genannten Geburtslunar zu lesen ist, der Mondstand im Geburtsmonat eines Menschen auf seinen Charakter und seine Konstitution auswirkt, eine Idee, die heute gewiss viele Anhänger findet, deshalb aber nicht zwangsläufig auf Hildegard zurückgeführt werden kann.

Hildegards eigene Rezepturen sind für gewöhnlich vernünftig und praxisbezogen. Da, wo sie ihre Erfahrungen mit dem Wissen, das in vorliegenden Kräuterbüchern zusammengefasst worden ist, vergleichen kann, wählt sie aus den möglichen Indikationen wenige, sinnvolle und praktisch umsetzbare Anwendungsweisen aus, die oftmals auch für Heilkundige oder Laien außerhalb des Klosters hilfreich waren. Ein Beispiel hierfür ist ihr Hinweis, dass man, wenn man nicht über ein Abszessmesser verfügt, eine vereiterte Stelle im Zahnfleisch auch mit dem Stachel einer Brombeere aufritzen kann. Einige Autoren werten diesen Hinweis auch als Indiz dafür, dass Hildegard das seit den 30er-Jahren des 12. Jahrhunderts für Mönche und Nonnen geltende Operationsverbot umgehen wollte.

Es ist für uns heute schwer zu verstehen, auf welche Weise Hildegard zu der Erkenntnis gekommen ist, welches Kraut auf welche Weise wirkt. Deshalb sind wir in der Regel überrascht, wenn wir feststellen, dass sich vieles von dem, was sie vorschlägt, heute anhand von chemischen Analysen als wirksam erweist. Woher Hildegard oder diejenigen, auf deren Kenntnisse sie zurückgriff, aber wussten, dass z. B. die Klette, innerlich angewandt, harntreibend wirkt und bei äußerlicher Anwendung durch ihre Bakterienbildung und Pilzbefall hemmenden Inhaltsstoffe heilend auf Ekzeme, Flechten oder schuppige Hauterkrankungen wirkt, wissen wir nicht.

Im Mittelalter ging man vom Prinzip der Ähnlichkeit aus. Ein stechendes Kraut wie die Mariendistel half, so war man überzeugt, bei stechenden Schmerzen. Wir wissen heute, dass der in der Pflanze enthaltene Wirkstoffkomplex Silymarin tatsächlich bei Seitenstechen hilft und außerdem bei Leberleiden einsetzbar ist.

Grundsätzlich ging es Hildegard beim Heilungsprozess immer in erster Linie darum, das Gleichgewicht wieder herzustellen. Krankheit begriff man im Mittelalter zwar einerseits als zum Leben dazugehörig, als normalen Zustand, zugleich aber auch als Unordnung. Irgendetwas musste, so war man überzeugt, in dem Menschen, der krank geworden war, ins Ungleichgewicht geraten sein. Bei der Diagnose stellte Hildegard deshalb zunächst fest, ob der behandelte Mensch eher von feuchter, trockener, heißer oder kalter Natur sei. Jemand, der leicht fror und eine trockene Haut hatte, erhielt bei gleichem Krankheitsbild andere diätetische Empfehlungen und Heilkräuter als jemand, der auch im Winter mit kurzen Ärmeln herumlief und eine fettige Haut hatte. Entscheidend war immer das Gesamterscheinungsbild, die Feststellung der Defizite in einzelnen Bereichen und, soweit möglich, die Wiederherstellung der Harmonie zwischen ihnen.

Letztere ist ein wichtiges Stichwort für die Lithotherapie Hildegards, die heute auf viele Menschen so anziehend wirkt. Sie beruht einerseits auf der minimalen mineralischen Wirkung der Steine, die diese entfalten, wenn man sie beispielsweise in Wein legt und diesen anschließend trinkt. Zum anderen aber wirkt in ihnen die Schönheit, die wie ein Echo die, wie schon Platon überzeugt war, der Seele innewohnende Möglichkeit zum Guten und Schönen aktiviert und so zur Selbstheilung beiträgt. Dem ganzen Menschen Raum geben, damit er in der Begegnung mit dem lebendigen Licht wieder heil werden kann, das ist auch ein psychotherapeutischer Prozess.

Dass Hildegard auch hier bemerkenswerte Fähigkeiten hatte, zeigt die Geschichte der adeligen Frau Sigewiza, die in der Diktion des Mittelalters als Besessene bezeichnet wurde und die wir heute psychisch krank nennen würden. Sie war von Kloster zu Kloster, heute würden man sagen: von Arzt zu Arzt, gebracht worden. Manche Behandlung hatte lindernd gewirkt, manchmal schien die Heilung nahe, die Krankheit brach aber immer wieder aus. Schließlich bat man Hildegard um Rat, und sie sandte ein heilendes Segensgebet, das eine kurzzeitige Heilung bewirkte. Nach einem weiteren, schweren Rückfall bat die Kranke selbst darum, zu Hildegard gebracht zu werden. Hildegard berichtet in ihrer Vita darüber, was dann geschah: „Über die Ankunft der besagten Frau erschraken wir sehr und fragten uns, wie wir die zu sehen und zu hören vermöchten, von der so viel Volk über einen so langen Zeitraum hin beunruhigt worden war. Aber Gott regnete seinen milden Tau auf uns, und wir brachten sie ohne Furcht und Schrecken und ohne männliche Hilfe in den Wohnräumen der Schwestern unter. Und daraufhin gaben wir in keiner Hinsicht nach, weder dem Schrecken und der Verwirrung, in die der Dämon die Vorbeikommenden entsprechend ihren Sünden stürzte, noch den höhnischen und schändlichen Worten, mit denen er uns besiegen wollte, noch seinem unheilvollen Blasen. Und ich sah, dass er in jener Frau dreierlei Qualen erlitten hat: die erste, als sie von einer heiligen Stätte zu anderen geführt wurde; die zweite, als das einfache Volk Almosen für sie darbrachte; die dritte, als er durch Gebete von Geistlichen mit Gottes Gnade fortzugehen gezwungen wurde. Deshalb plagten wir uns für sie zusammen mit Männern und Frauen unserer Umgebung von der Reinigung Mariens bis zum Ostersamstag mit Fasten, Beten, Almosen und körperlichen Züchtigungen. Unterdessen trug der unreine Geist, von der Macht Gottes bezwungen, vieles über das Heil der Taufe, das Sakrament des Leibes Christi, die Gefährdung der Exkommunizierten, das Verderben der Katharer und Ähnliches öffentlich, aber gegen seinen Willen vor – zu seiner Verwirrung, zum Ruhm Christi –, Sünden zu tilgen. Sobald ich aber in der wahren Schau sah, dass er Falsches vortrug, habe ich ihn sofort der Lüge bezichtigt, weshalb er bald verstummte und mit den Zähnen gegen mich knirschte. Wegen des Volkes habe ich ihn aber nicht daran gehindert, zu sprechen, wenn er Wahres vortrug. Am heiligen Samstag schließlich, als das Taufwasser geweiht wurde durch den Hauch, den der Priester in das Wasser schickt zusammen mit den Worten, die der Heilige Geist dem vernunftbegabten Menschen und den Kirchenlehrern eingegeben hat ..., war jene Frau dort zugegen und zitterte, von großer Furcht ergriffen so, dass sie mit ihren Füßen die Erde aufgrub und ihr immer wieder wegen des schrecklichen Geistes, der sie bedrängte, ein Stöhnen entfuhr. Bald sah und hörte ich in der wahren Schau die Kraft des Höchsten, die die heilige Taufe umschattet hat und immer noch umschattet, zur teuflischen Zusammenballung, von der jene Frau bedrängt wurde, sagen: ‚Weiche, Satan, aus dem Zelt des Körpers dieser Frau und mache Platz darin für den Heiligen Geist!' Darauf fuhr der unreine Geist zusammen mit Verdauungsausscheidungen auf schreckliche Weise durch die Schamteile der Frau aus, und sie selbst wurde befreit und blieb von da an gesund an Körper und Seele, solange sie in dieser Welt lebte."[2]

Sigewiza trat im Anschluss an ihre Heilung ins Kloster Rupertsberg ein. Wie sehr Hildegard mit ihr gelitten hatte, zeigt ihre anschließende vierwöchige Erkrankung.

---

2 Aus: Vita sanctae Hildegardis – Canonizatio sanctae Hildegardis / Das Leben der heiligen Hildegard von Bingen – Die Kanonisierung der heiligen Hildegard von Bingen. © 1998, Verlag Herder.

Ganzheitlich leben – das Menschenbild Hildegards

Das Menschenbild Hildegards zieht viele Menschen weit über die Kirchen hinaus an. Sie formuliert darin Grundsätze und Ansichten, die so punktgenau auf unsere Sehnsucht antworten, als hätte sie sie gerade für uns geschrieben. Obwohl Hildegard sich dabei einer Sprache bedient, die für viele heute ungewohnt ist, leuchtet die Botschaft, die sie verkündet, unmittelbar ein. Für die Benediktinerin ist ganz klar, dass seelisches, geistiges und körperliches Wohl unmittelbar miteinander zusammenhängen. Sie hält es für ausgeschlossen, wenn sich in einem Bereich ein Defizit zeigt oder eine Erkrankung auftritt, nur diesen Teil des Menschen isoliert zu behandeln. Um noch einmal das Beispiel eines Menschen mit Bluthochdruck heranzuziehen: Hildegard würde ihm nicht einfach ein Rezept für Tabletten ausstellen, die den Blutdruck senken. Sie würde ein ausführliches Gespräch mit ihm führen, ihn fragen, wie er sich ernährt, ob er zum Jähzorn neigt und regelmäßig Streit mit den Nachbarn hat und ob er täglich betet. Wenn sich dabei herausstellen würde, dass dieser Mensch regelmäßig fetthaltige Wurst auf sein Brot legt, mehr als einmal in der Woche Fleisch zu Mittag isst und den abendlichen Schnaps für ein Menschenrecht hält, mit seinem Nachbarn bereits mehrmals vor Gericht war und sich beim Thema Gebet nicht einmal über die Rechtschreibung im Klaren ist, würde sie ein Gesamtkonzept entwickeln, in dem sie alles, was bei diesem Patienten so erkennbar aus dem Gleichgewicht geraten ist, wieder in dieses zurückführen würde.

Für Hildegard hängen Lebensordnung und Heilsordnung untrennbar zusammen. Gerät die Lebensordnung in Schieflage, wird sich das unzweifelhaft auch auf die Heilsordnung auswirken. Das gilt nicht nur für den Menschen in seinen seelischen, geistigen und körperlichen Befindlichkeiten. Es gilt für den gesamten Kosmos. Wenn das Leben der Menschen in Unordnung ist, werden die Symptome an der Erde ablesbar sein. Die Konzepte der Gaia-Theorie, die heute von Physikern diskutiert werden, gehen in eine ganz ähnliche Richtung. Auch sie gehen von der Vernetzung alles Lebendigen aus und postulieren, dass unser ganz persönliches Verhalten den Kosmos zum Guten oder Schlechten beeinflusst. Und wenn wir ehrlich sind, haben die meisten von uns das ungute Gefühl, dass es diese Vernetzung wirklich gibt und die Folgen unseres Verhaltens in Form des Klimawandels bereits auf uns einwirken. Hildegards Rezept für einen sachgerechten Umgang mit der vernetzten Wirklichkeit ist etwas, was man der Kirche sonst eher nicht zutraut: das Irdische zu pflegen, ohne das Himmlische zu vernachlässigen.

Hildegard nimmt, vielleicht mehr als alle anderen Theologen der Kirchengeschichte, die Tatsache ernst, dass der Mensch aus Leib und Seele besteht, und sie zieht die richtigen Konsequenzen daraus. Die Lebensordnung, die sie entwirft, achtet die Bedürfnisse beider und bringt sie ins Gleichgewicht. Genau wie die Chronisten des Mittelalters beginnt Hildegard bei der Vorstellung ihres Konzeptes einer ganzheitlichen Lebensordnung mit der Erschaffung der Welt. Was uns heute ungewöhnlich vorkommt, ist nichts anderes als eine Grundsatzerklärung. Denn die biblische Erzählung davon, wie unsere Welt entstanden ist, gibt uns einen Maßstab an die Hand, welche Rolle wir innerhalb des ursprünglich wohlgeordneten Kosmos spielen können und sollen. Hildegard ist davon überzeugt, dass Gott dem Menschen die Welt zum Geschenk gemacht hat, das er erkennen und sinnvoll gestalten soll. „Ist doch der Mensch das volle Werk Gottes. Auf diese Weise beherrscht der Mensch die gesamte Schöpfung, denn er ist mehr als alle Kreatur."

Wenn wir heute von Beherrschen sprechen, meinen wir in der Regel Ausbeuten. Für Hildegard hingegen bedeutet das Beherrschen der Welt die Einladung zur Mitgestaltung des vom Schöpfer begonnenen Prozesses, also verantwortliches Handeln innerhalb des komplexen kosmischen Gebildes, das mit der Selbstbeherrschung beginnt. Nun ist es kein Geheimnis, dass die Herrschaft des Menschen über die Welt keinen sonderlichen guten Verlauf genommen hat. Das war schon zu Hildegards Lebzeiten klar erkennbar. In ihrem Buch „Wisse die Wege“ hat sie dies mit einem eindrucksvollen Bild zum Ausdruck gebracht. Der Mensch, so beschreibt sie es dort, steht quer zur Schöpfung. Er ist durch die Sünde, was übersetzt bedeutet: durch die Trennung von Gott, der die Quelle des Lebens ist, vom Weg der Selbstverwirklichung, der dem Weg zum Heil zum Verwechseln ähnlich sieht, abgekommen. „Denn Luzifer und der Mensch versuchten zu Beginn der Erschaffung, sich gegen mich zu empören; und sie verloren das Gleichgewicht, als sie vom Guten abfielen und das Böse wählten.“

Weil der Mensch schon mit sich selbst im Widerstreit liegt, ist es kein Wunder, dass sich auch die Schöpfung gegen ihn wendet. Das berühmteste Zeugnis des so entstandenen Missstands ist die von Hildegard im „Scivias“ so eindrucksvoll formulierte Klage der Elemente:

„Und ich hörte, wie sich mit einem wilden Schrei die Elemente der Welt an jenen Mann wandten. Und sie riefen: Wir können nicht mehr laufen und unsere Bahn nach unseres Meisters Bestimmung vollenden. Denn die Menschen kehren uns mit ihren schlechten Taten wie in einer Mühle von unterst zu oberst. Wir stinken schon wie die Pest und vergehen vor Hunger nach der vollen Gerechtigkeit.“

„Ihnen antwortete der Mann: Mit meinem Besen will ich euch reinigen und die Menschen so lange heimsuchen, bis sie sich wieder zu Mir wenden. In der Zwischenzeit aber werde ich viele Herzen vorbereiten und hinziehen zu meinem Herzen. Mit den Qualen derer, die euch verunreinigt haben, will ich euch reinigen, sooft ihr besudelt werdet.“

Jedes Geschöpf, so ist die Äbtissin überzeugt, ist mit einem anderen verbunden und wird durch ein anderes gehalten. Hier ist nicht nur die allgemeine Vernetzung alles Lebendigen gemeint. Hildegard meint an dieser Stelle auch ganz ausdrücklich das Aufeinander-Bezogensein von Mann und Frau. Beide sind füreinander geschaffen, um sich zu lieben und sich bei ihrem Wirken in der und für die Welt zu unterstützen. Sexualität ist ein selbstverständlicher Bestandteil dieses Miteinanders.

Dass Hildegard selbst zölibatär lebt, führt nicht zu einer Verdrängung oder Verleugnung der Sexualität. Ganz im Gegenteil. Sie gehört so wesentlich zum Menschen, dass er, wie sie schreibt, „in integritate membrorum et cum sexu", also mit unversehrten Gliedern und in seinem Geschlecht, auferstehen wird.

Lebensordnung konkret

In das Weltenrad eingeflochten zu sein, bedeutet für Hildegard zweierlei. Zum einen hat jeder Mensch bestimmte Anlagen, ist Umwelteinflüssen ausgesetzt, und seine Handlungsfreiheit wird durch die Freiheit der Menschen, die mit ihm leben, begrenzt. Zum anderen aber hat er die Möglichkeit, sich verantwortlich handelnd an der Gestaltung der Welt zu beteiligen. Wer diese Möglichkeit nicht wahrnimmt, der verfehlt in Hildegards Augen seine Berufung, er kann sich nicht im Vollsinne selbst verwirklichen. Vor dem Wahrnehmen dieser Verantwortung kann sich niemand drücken. Die Ausreden und Ausflüchte waren auch zur Zeit Hildegards keine anderen als heute: Die Kleriker sagten: „Wir können schließlich nicht alles tun." Die Laien sagten: „Was können wir schon bewirken, die Macht haben ja doch die anderen." Aber wer so denkt, und dies schärft Hildegard den Menschen in ihren Predigten immer wieder ein, verzichtet darauf, das Wenige zu tun, das ihm möglich ist. Deshalb fehlt dem Ganzen der kleine, aber entscheidende Beitrag, den gerade Sie oder ich leisten können und sollen.

Die Ordnung, die Hildegard vorschlägt, um ein erfülltes Leben zu führen, basiert auf den Grundsätzen der Regel Benedikts. Im Gegensatz zur radikalen – und im Hinblick auf ihre Gesundheit ruinösen – Askese, die ihre Mentorin Jutta von Sponheim ihr vorgelebt hatte, bestand Hildegard zeitlebens auf einem gemäßigten, menschenfreundlicheren Konzept. Es baut auf den Grundsätzen der Discretio und der Moderatio auf. Diese beiden lateinischen Begriffe sind Schlüsselworte in Hildegards Konzept für ein gelingendes Leben. Discretio ist die Fähigkeit, das Wichtige vom Unwichtigen zu unterscheiden, die Dinge des Lebens in die richtige Reihenfolge zu bringen, zielorientiert abzuwägen, was heute und was morgen zu tun ist. Moderatio ist die damit eng zusammenhängende Maßhaltung. Weder Völlerei noch Fastenexzesse führen zum Heil. Das sinnliche Leben ist unser Zugang zu der Welt, in der wir leben. Die Augen nehmen als Fenster der Seele alle sichtbaren Erscheinungen in sich auf, das Gehör ist der Anfang der vernünftigen Seele, die hingespannt auf wegweisende Worte horcht, die Nase ist das Organ, das Bekömmliches von Verdorbenem unterscheidet, der Mund lässt uns die Wirklichkeit schmecken, mit den Händen begreifen wir die Welt. Die Nahrungsaufnahme ist die Gelegenheit zum Austausch mit den Elementen, die Einverleibung der Welt. Im Schlaf rekreieren wir, werden wir neu geschaffen und gewinnen wieder Kraft für das schöpferische Mitwirken an der Gestaltung der Welt. Essen, Trinken, Schlafen und Wachen, Atmen, Singen und Sprechen sind Formen der Teilhabe an der Welt. Ein maßvoller Wechsel von Ruhe und Bewegung, Schlafen und Wachen bedeutet, sich in den kosmischen Rhythmus einzuschwingen. Nun ist es eine unbestreitbare Tatsache, dass der natürliche Rhythmus gelegentlich aus den Fugen gerät. Für diesen Fall hat Gott uns, so ist Hildegard überzeugt, verschiedene Heilmittel gegeben, die das, was in Seele, Geist und Körper sein Gleichgewicht verloren hat, wiederherstellen.

Ein Regulativ, das sie besonders schätzte, war die Musik. Ihr kommt eine wesentliche therapeutische Funktion zu, weil sie Teil der Urberufung der Menschen ist. Wenn wir, wie Hildegard überzeugt ist, dazu bestimmt sind, den zehnten Chor zu bilden und so die Chöre der Engel zu vervollständigen, dann entfaltet Musik zum Lobe Gottes heilende Kräfte. Musik zu hören, zu singen und zu spielen, das bringt uns in Berührung mit unserem ganz heilen Ursprung und weckt die Sehnsucht danach, diesen Zustand wiederzuerlangen. Musik stärkt, anders gesagt, die Selbstheilungskräfte und erinnert uns daran, dass wir Teil einer großen himmlischen Symphonie sind. „Jedes Element", schreibt Hildegard, „hat seinen eigenen Klang, einen Urklang aus Gottes Schöpfungsordnung. All dieses Tönen vereinigt sich zu einem großen Zusammenklang, einer einzigartigen Harmonie."

Auch die Heilkunde steht in Hildegards Konzeption einer heilsamen Lebensordnung im Dienste einer geordneten Lebensführung. Ihr geht es weniger darum, Symptome zu kurieren, als vielmehr den Menschen zum Heil zu führen. Die Heilkunde und die Heilskunde, Medizin und Theologie, die bis ins hohe Mittelalter die beiden einzigen Wissenschaftsdisziplinen waren, gehen in ihrem Werk eine untrennbar enge Verbindung ein. Einen Menschen zu „reparieren", wäre in ihren Augen völlig sinnlos, wenn ihm dabei nicht die Erfahrung des Heils zuteilwürde.

Zu einer ausgeglichenen Lebensordnung zählt bei Hildegard auch das Akzeptieren der unvermeidlichen Gebrechlichkeit und Vergänglichkeit unseres irdischen Lebens. Während uns heute der junge, fitte, gesunde Mensch als Idealbild vor Augen gestellt wird, sodass jeder, der krank, weniger leistungsfähig oder behindert ist, sich als beklagenswerte Abweichung von der Norm fühlen muss, galt es, wie oben beschrieben, im Mittelalter als Normalfall, nicht völlig gesund, fit oder jung und schön zu sein. Gebrechen an Körper, Geist und Seele wurden als Teil der Conditio humana wahrgenommen. Die zur Vollendung gelangte Form des Menschseins erwartete man nicht in der diesseitigen Form der Wirklichkeit.

Der unbestreitbare Vorteil von Hildegards Ansatz ist, dass man durch „minimalinvasive" Änderungen der Lebensweise enorme Wirkungen erzielen kann. So vorzugehen ist in ihren Augen ein Akt des Mitleidens und der Barmherzigkeit. Ein Arzt, der einem Patienten auch Hinweise zur Lebensführung geben kann, vermag auch solchen Kranken eine Perspektive zu geben, deren Heilung nicht mehr menschenmöglich ist. Hildegard geht es weniger um eine Heilung mit von außen kommenden Mitteln als um die Stärkung der inneren Kräfte, ohne die keine medikamentöse Heilung gelingen kann. Eine bewusste Lebensführung, in der die Sinne zur Weltwahrnehmung genutzt und zugleich das Gleichgewicht der Kräfte gewahrt werden, erscheint Hildegard als die natürlichste Lebensform. Sie ist überzeugt davon, dass die Natur wie auch die Menschen von sich aus zur Kultur hinstreben.

Ein besonderes Instrument, um das Gleichgewicht der Kräfte zu wahren oder wiederherzustellen, sind in Hildegards Weltsicht die Halbedelsteine, die sie in einer sakral-symbolischen Art und Weise anwendet. Sie ist überzeugt, dass die Steine heilende Kräfte in kristallisierter Form sind. Und weil Hildegard weiß, dass sich in der Feier der Liturgie dieselben heilenden Kräfte entfalten, setzt sie die Steine in Beziehung zu liturgischen Vollzügen, zu Kernpunkten des Kirchenjahres oder zur Tagzeitenliturgie, die in ihrem Kloster gebetet wurde, deren Vollzug aber auch den Laien offensteht. Auf lichtvolle Weise lösen die Steine einen Heilungsprozess aus, indem sie den Menschen an seinen ganz heilen Ursprung erinnern. Wenn er die Steine betrachtet, so löst deren kristallisierte Kraft gewissermaßen ein Echo in ihm aus, weckt und stärkt die in ihm vorhandene Kraft und bringt, was vorher verschüttet und verkrustet war, wieder zum Leuchten und zum Fließen. Sie sprechen gleichermaßen den seelischen und den körperliche Bereich an. Natürlich ist dieser Prozess nicht als Einbahnstraße zu denken. Wenn Hildegard die Kräfte der Steine, deren Farbe und deren Entstehungsprozess an die Tagzeitenliturgie koppelt, ist damit mehr gemeint als: „Kauf dir einen Stein und alles wird gut." Der Mensch ist nicht nur zur Mitwirkung an der Schöpfung eingeladen, er ist auch für sein seelisches und körperliches Gleichgewicht verantwortlich und deshalb berufen, an seinem eigenen Heil mitzuarbeiten. Die Betrachtung der Steine dient lediglich als Hilfsmittel, um wieder in Berührung mit Jesus Christus zu kommen. So ist die Verbindung z. B. des Saphirs mit dem Morgengebet, den Laudes, und des Chrysopras mit dem Nachtgebet, der Komplet, eine Erinnerung daran, dass die grünende Lebenskraft, die sich in der grünen Farbe der beiden

Steine zeigt und die Hildegard mit dem Heiligen Geist, der heiligen Weisheit und der Liebe assoziiert, unser ganzes Leben umfangen und durchpulsen soll. Wer sich ernsthaft mit den lithotherapeutischen Vorschlägen Hildegards befasst, stößt in ungeahnte Tiefen vor, die den breiten Weg der Esoterik schnell verlassen. Ein gutes Beispiel hierfür ist der Topas. Hildegard schreibt, dass er kurz vor der neunten Stunde des Tages, nach unserer Zeitrechnung also gegen 15:00 Uhr, in der Glut der Sonne entstanden sei und deshalb dem Gold ähnlicher sei als dem Gelb. Deshalb, so sagt sie, dulde er keine Unreinheit und widerstehe dem Gift. Sie empfiehlt seine Betrachtung aber auch bei schweren und oft sogar tödlichen Krankheiten wie dem Aussatz, dem Antoniusfeuer oder der Pest. Nun könnte man meinen, dass es doch reichlich naiv sei, anzunehmen, dass die Betrachtung des Topas einen Pestkranken heilen könne. Aber das hat Hildegard nicht gemeint. Sie schlägt hier den Bogen von einem Stein, der, wie sie sagt, zur neunten Stunde entstanden ist, zur Stunde des Todes Jesu, der in der neunten Stunde starb. Die Kranken sollen, wenn sie den Topas betrachten, durch den Gedanken gestärkt werden, dass sie, wenn sie sterben, nicht allein sind und nach dem Übergang Christus, der Sonne unseres Heils, begegnen werden. So verstanden ist die Betrachtung eines schönen Steines und die Verbindung mit dem Gedanken „Du bist nicht allein" ein bedeutend barmherzigerer Umgang mit dem Sterbenden als die Durchsetzung der Möglichkeit uneingeschränkter Sterbehilfe, die dem Kranken letztlich signalisiert: „Du bist ein Kostenfaktor und es wäre besser, du würdest freiwillig in den Tod gehen." Hildegard bietet stattdessen heilsame Rituale wie die Bezeichnung eines Brotes, das man dem Kranken reicht, mit einem Hyazinth an und vermittelt den geschwächten Menschen so das Gefühl, dass ihre Pflege jeder Mühe wert ist und sie sich in der Zeit, die ihnen bleibt, an der Schönheit der Schöpfung freuen dürfen.

Der Blick der anderen – eine kleine Geschichte der Hildegard-Rezeption

Hildegard von Bingen ist eine Frau mit vielen Facetten. Darum ist es leicht möglich, die eigenen Wünsche und Vorstellungen in sie und ihr Werk hineinzuprojizieren. Wer danach sucht, findet in ihren Schriften schnell Formulierungen, die Positionen unterstützen, wie sie heute von so unterschiedlichen Gruppierungen wie der Umweltbewegung, der Bewegung „Wir sind Kirche", von konservativen Katholiken oder Esoterikern vertreten werden. Die einen berufen sich auf die Klage der Elemente, in denen die Taten der Menschen für die Verunreinigung der Natur verantwortlich gemacht werden, die anderen zitieren ihr Plädoyer für Wortgottesdienste auch an Sonntagen, wenn kein Priester zur Verfügung steht, wieder andere freuen sich über ihre – dem Mainstream des 12. Jahrhunderts entsprechend – ablehnende Haltung gegenüber der Homosexualität und nicht wenige bevorzugen die magischen Anwendungsweisen von Halbedelsteinen oder schwören auf die wortgetreue Umsetzung von mutmaßlich aus ihrer Feder stammenden Kochrezepten.

Der Grund für die verschiedenen Zugänge zu Hildegard liegt auf der Hand. Die Geschichte der Hildegard-Rezeption vom 13. bis zum 19. Jahrhundert ist, ebenso wie die Hildegard-„Hypes" der vergangenen Jahrzehnte, von den jeweils drängenden Fragen des Zeitgeistes geprägt.

Endzeitvisionen und Kirchenkritik

Während uns in den 1980er- und 1990er-Jahren die Suche nach Heilmethoden jenseits der Konzepte der Schulmedizin besonders beschäftigte, weshalb viele in den natur- und heilkundlichen Schriften Hildegards nach neuen Behandlungsmöglichkeiten suchten und ihre Gesänge als Teil des Gregorianik-Trends und der Begeisterung für die Musik des Mittelalters wiederentdeckt wurden, waren denen, die Hildegards Werke in den Jahrhunderten nach ihrem Tod lasen, ganz andere Themen wichtig. Ihnen ging es vorrangig darum, den Entwicklungsweg der Menschen zu verstehen und herauszufinden, wie weit sie auf dem Zeitstrahl zwischen der Erschaffung der Welt und deren Ende wohl gekommen sein mochten. Deshalb hatten besonders jene Teile aus Hildegards Schriften Hochkonjunktur, in denen es um apokalyptische Vorstellungen ging. Hildegard wurde in ihrer prophetischen Funktion sehr ernst genommen, die Bedeutung ihrer Aussagen aber einseitig auf die Vorhersage zukünftiger Ereignisse reduziert. Uns erscheint das heute als zweifelhafte Methode, mit ihren Werken umzugehen, und tatsächlich verstand Hildegard selbst sich keinesfalls als Orakel im Sinn des Nostradamus. Sie so wahrzunehmen, ist aber nicht weniger einseitig als manch heutige Form der Hildegard-Rezeption, die die Äbtissin hauptsächlich als Lieferantin heilkräftiger Kochrezepte ansieht. Ebenfalls stark nachgefragt waren – dies ist, ebenso wie die Art der Überlieferung der heil- und naturkundlichen Schriften, eine Parallele zu den Themenschwerpunkten, die in unserer Zeit gesetzt werden – Hildegards kleruskritische Schriften. Das, was Hildegard beispielsweise den Priestern in Köln gepredigt hatte, wurde schon zu ihren Lebzeiten, vor allem aber in den unruhigen Jahren vor der Reformation, gerne zitiert. Kein Wunder, denn die Frage nach dem Verhältnis der Kirche zu Geld und dem Umgang mit politischer Macht war im 15. und 16. Jahrhundert ebenso bedeutsam wie zur Zeit Hildegards und in unseren Tagen. Deshalb kam ihre harsche Kritik am Kölner Klerus, dem sie vorwarf, sich wie Entertainer oder Politiker zu benehmen und darüber den eigenen Verkündigungsauftrag zu vergessen, den Reformatoren mehr als gelegen. Es ist daher nachvollziehbar, wenn in einem Druck aus dem Jahr 1474 eben jene in Köln gehaltene Predigt Hildegards zitiert wird.

Dass Hildegard eine Nonne war, wurde von den Reformatoren gerne betont, bot sich hier doch die gute Gelegenheit, eine Parallele zwischen dem Mönch Martin Luther und dessen Reformbestrebungen und den von Hildegard formulierten Fragestellungen zu ziehen.

Abschreiben erlaubt

Im Mittelalter galt es noch nicht als problematisch, das, was einem wichtig erschien, von anderen abzuschreiben, ohne die Quelle anzugeben. Deshalb ist es eine sehr kleinteilige Puzzlearbeit, den Weg der Werke Hildegards durch die Zeit hindurch zu verfolgen. Textkritische Editionen zu erstellen, das stand bei den verschiedenen Formen der Rezeption von Hildegards Schriften nämlich nicht zur Debatte. Man verwendete die am Leichtesten zugängliche Quelle und schrieb diese ab, vermischte sie, wenn notwendig, mit Zitaten aus anderen Werken, die den eigenen Standpunkt wirksam unterstützten, oder verwendete sie nach der Erfindung des Buchdrucks als Grundlage für Editionen, wie beispielsweise von Hildegards erstem theologischen Werk „Scivias“.

In der Zeit des beginnenden Buchdrucks gehörte Hildegard, was interessant für ihre Wirkungsgeschichte ist, zunächst nicht zu jenen Autoren, deren Werke mithilfe des neuen Mediums verbreitet wurden. In den rund 27.000 Titeln der Inkunabelzeit wird Hildegard nur einige wenige Male in ihrer Funktion als Prophetin erwähnt. Das heißt aber nicht, dass ihre Werke nicht rezipiert worden sind. Tatsächlich galt Hildegard im 13. bis 16. Jahrhundert als unbestrittene Autorität. So entstand im 15. Jahrhundert sogar eine Übersetzung des „Scivias“ ins Tschechische. Ihre Werke wurden aber zunächst überwiegend in Handschriften verbreitet. Dies ändert sich erst mit dem Druck des „Scivias“ durch Henricus Faber Stapulensis, der auf die Initiative des Rupertsberger Konventes zurückgeht und durch den die Rezeption Hildegards einen französischen Schwerpunkt erhält.

Das Kaleidoskop der Wahrnehmung

Besonders spannend wird die Geschichte der Hildegard-Rezeption, wenn man sie unter dem Aspekt des Blicks der Anderen betrachtet. Im Spiegel der Persönlichkeiten, die sich mit Hildegards Schriften auseinandersetzten, und im Hinblick auf ihre sehr verschiedenen Motive, auf ihre theologischen, spirituellen oder gesellschaftspolitischen Standpunkte, zeigt sich der enorme Facettenreichtum ihres Werkes ebenso wie die Bandbreite der Interpretationsmöglichkeiten, die sich daraus ergeben. Schon zu ihren Lebzeiten wurden Hildegards Schriften von Theologen gelesen, mit denen sie nicht persönlich in Kontakt stand. Und das will etwas heißen, denn ungeachtet der Zweifel, die sich mit der Adressatenliste ihres Briefwechsels verbinden, ist sicher, dass Hildegard eine breite Korrespondenz unterhielt. Spannend ist beispielsweise, dass Johannes von Salisbury (ca. 1115 bis 1180), der bei Petrus Abaelard, einem der aufgeklärtesten Köpfe des 12. Jahrhunderts, in Paris Theologie studiert hatte und als Sekretär für den Londoner Erzbischof Thomas Becket arbeitete, Schriften Hildegards anforderte. Johannes von Salisbury hatte sich in radikaler Weise von der Vermischung staatlicher und kirchlicher Gewalt distanziert: Gegenüber einem Freund, Girardus von Pucelle, der eine Zeit lang in Köln lebte, war er 1167 in einem Brief für eine arme, aber selbstbestimmte Kirche eingetreten. In diesem Brief wird deutlich, dass er mit dem Prozess der Anerkennung Hildegards durch Papst Eugen vertraut war und sein Interesse vor allem den prophetischen Aspekten ihres Werkes galt. Da Johannes auch als Sekretär für Erzbischof Theobald gearbeitet hatte, mit dem er im Auftrag König Heinrichs mehrmals nach Rom gereist war, um u. a. Papst Eugen Botschaften zu überbringen, zeigt sich an diesem Informationssplitter, dass Hildegards Werk bei dieser Gelegenheit offenbar zur Sprache gekommen ist. Aber warum interessierte sich ein so aufgeklärter Theologe und Diplomat für die Schriften einer Visionärin, die einen völlig anderen theologischen Ansatz hatte? 1167, als Johannes um Abschriften, vermutlich von Hildegards „Scivias“, bat, lebte er seit vier Jahren in Frankreich im Exil. Durch seinen Dienst für Thomas Becket war er, ebenso wie sein Bischof, bei König Heinrich in Ungnade gefallen. Seine Zukunft war ungewiss, und als er 1170 nach England zurückkehrte, wurde er wenig später Zeuge der Ermordung von Thomas Becket. Gut möglich, dass er sein Exil dazu nutzte, andere Sichtweisen der Wirklichkeit kennen zu lernen als die logisch-rationale, die er bei seinem Magister Petrus Abaelard erlernt hatte. Da er in seinem Brief ausdrücklich sein Interesse an den prophetischen Aussagen Hildegards betont, ist es auch denkbar, dass er sich von der Lektüre ihres Buches Wegweisung in seiner und seines Bischofs schier ausweglos erscheinenden persönlichen Situation erhoffte. Die Strahlkraft Hildegards war so groß, dass diejenigen, die ihr persönlich begegneten, anderen von diesem Privileg berichteten.

Zeugnisse über Treffen mit Hildegard, wie das eines anonym gebliebenen Zisterziensers aus der Abtei Pontigny bei Autun, der die Äbtissin aufsuchte, um ihre Werke auf dem Rupertsberg zu studieren, wurden von Zeitgenossen und Nachgeborenen eifrig zitiert. So findet sich der Bericht des Zisterziensers nicht nur in der vor 1180 entstandenen Chronik des Wilhelm Godell, sondern auch bei Vinzenz von Beauvais (ca. 1190 bis ca. 1264), der die umfangreichste Enzyklopädie des Mittelalters schuf. Dass er, der als Dominikaner einen völlig anderen theologischen Ansatz hatte als Hildegard, die rund 100 Jahre vor ihm lebende Visionärin in sein Standardwerk aufnahm, zeigt, dass sie in Frankreich immer noch gelesen wurde. Man konnte also auf eine fest verwurzelte Tradition des Umgangs mit ihren Werken zurückgreifen. Diese reicht bis ins 12. Jahrhundert zurück, denn der Bischof von Paris und ein Pariser Theologenteam wurden kurz nach Hildegards Tod um eine Stellungnahme zu den Heiligsprechungsakten gebeten und stellten ein sehr positives Gutachten aus.

Lesen, was kommen wird

Die im Mittelalter und der frühen Neuzeit wohl meistzitierte Hildegardquelle stammt von Gebeno von Eberbach. Gebeno lebte als Mönch im Zisterzienserkloster von Eberbach im Rheingau, wo er zeitweise als Prior tätig, als Hospitalar aber auch für die Gäste und als Cellerar für das wirtschaftliche Wohl des Klosters zuständig war. 1220 schrieb er ein Buch mit dem Titel „Pentachronon sive speculum futurorum temporum", was übersetzt „Fünfzeitenchronik oder Spiegel der künftigen Zeiten" bedeutet. Darin stellt er einzelne Abschnitte aus Hildegards Visionswerken „Wisse die Wege", „Buch vom Wirken Gottes" und ihren Briefen zusammen. Sein Werk war Ausdruck eines damals neuen literarischen Trends von Handbüchern, die bei der Lösung von Problemen helfen sollten, die den Menschen auf den Nägeln brannten. Sie boten Hintergrundinformationen und Argumentationshilfen zu den jeweils behandelten Themen an. Gebeno ging es bei seinem „Pentachronon" darum, seinen Lesern Denkmuster anzubieten, um die Zeitläufe besser zu verstehen. Im 12. Jahrhundert waren viele Menschen davon überzeugt, dass das Ende der Welt nahe war. Joachim von Fiore, ebenfalls Zisterzienser, hatte ein Geschichtsbild entwickelt, nach dem die Weltgeschichte aus drei Zeitaltern besteht, deren erste beide zur Zeit Gebenos beinahe verstrichen waren.

Wer das Ende der Welt erwartet, entwickelt andere Verhaltensmuster als derjenige, der es noch weit entfernt wähnt. Dies taten die Scholastiker, Intellektuelle, die, weniger an visionären Erfahrungen interessiert als vielmehr an der Logik orientiert, die Schriften des Aristoteles wiederentdeckten und sich für die Verwendung einer damals höchst innovativen, forschungsorientierten Methodik in den verschiedenen Wissenschaftsgebieten einsetzten. Gebeno war keiner der beiden Richtungen zugetan. Er glaubte weder, dass das Ende der Welt unmittelbar bevorstünde, noch war er ein Fan davon, allein durch Deduktion, also dem Schließen vom Allgemeinen auf das Besondere, Erkenntnisse zu gewinnen. Deshalb stellte er aus den Werken Hildegards all jene Abschnitte zusammen, die ihm in der aktuellen Debatte hilfreich erschienen. Dies waren einerseits die Passagen aus Hildegards Briefen, in denen sie zeit- und kirchenkritische Töne anschlägt, andererseits jene Abschnitte aus ihren theologischen Werken, in denen es um die Entwicklung der Welt in den zukünftigen Jahrhunderten ging. Seine Absicht formuliert Gebeno im Vorwort des Pentachronon ganz klar: Er will widerlegen, dass, wie die Anhänger Joachim von Fiores und der Katharer behaupteten, das Ende der Welt bevorstünde, und zugleich aufzeigen, was sich in Kirche und Welt zum Besseren wandeln sollte. Die Zusammenstellung von Zitaten aus Hildegards Werken wirken so, als ob Hildegard, die im 13. Jahrhundert immer noch als unbestrittene Autorität galt, direkt zu den Zeitgenossen Gebenos sprechen würde – eine Methode, die so effizient war, dass Autoren, die in späteren Jahrhunderten auf Hildegards Werke zurückgriffen, diese Technik übernahmen. Viele von ihnen zitierten ihre Werke einfach aus dem Buch Gebenos, einige ließen sich von seiner Schrift aber auch dazu inspirieren, mehr von Hildegard zu lesen, und fügten ihren Zitaten aus deren Texten dann eigene, lieb gewordene Fundstücke hinzu. Es ist typisch mittelalterlich, das, was man eigentlich selbst sagen möchte, mit den Worten eines anderen, einer anerkannten Autorität, auszudrücken und so Gegenargumente von vorneherein zu entkräften. Gebeno wollte außerdem mit seinem Buch den Heiligsprechungsprozess Hildegards unterstützen. Letzteres gelang zwar nicht, sein Buch wurde aber trotzdem ein Bestseller und verbreitete sich über ganz Europa. Leider verstanden aber nicht alle Leser die Intention Gebenos, und so wurde Hildegard vielfach auf die Funktion einer Zukunftsprophetin reduziert.

Alte Argumente am Puls der Zeit

Einige Autoren bedienten sich der Texte Hildegards jedoch sehr geschickt, um ihren eigenen Standpunkt zu untermauern. Albert von Stade beispielsweise, der im 13. Jahrhundert lebte und nach 1264 starb, gehörte wie Hildegard dem Benediktinerorden an und setzte sich für die Reform seines Konventes ein. Als diese scheiterte, wechselte er zu den Franziskanern. Um zu begründen, warum der Bettelorden für ihn und, wie er überzeugt war, für viele andere die bessere Wahl war, wählte er Abschnitte von Schriften Hildegards, die Gebeno in seinem Handbuch zusammengestellt hatte. Für seine Gegner in der Debatte um die Frage, welcher Orden die zukunftsweisendere Lebensform übe, war das eine Frechheit, denn sie zogen ebenfalls Hildegard-Texte heran, um ihrerseits zu belegen, dass die Benediktiner die wahren Mönche seien. So argumentierte der englische Historiker und Benediktiner Matthaeus Prisiensis (ca. 1200 bis 1259), die Verbreitung der Franziskaner sei ein klarer Hinweis auf das nahende Ende der Zeiten. Er warf seinen Gegnern vor, sich beim Sammeln von Kollekten zu bereichern, die Absolution zu verkaufen, überheblich zu sein, und neidete ihnen, dass der Papst sie förderte. Hildegard habe in ihren Werken genau diese Missstände vorhergesagt.

Die Schriften, aus denen beide Gruppen sich bedienten, waren von Hildegard aber aus einem ganz anderen Beweggrund verfasst worden. Sie wollte klarmachen, dass die Katharer, eine Sekte, die zu ihren Lebzeiten viel Zulauf hatte, weil deren Mitglieder ein überzeugendes Gemeindeleben führten, gefährlich seien, weil sie den Menschen mit ihrer Leibfeindlichkeit keinen sinnvollen Weg zum Heil weisen könne. Die Katharer waren beispielsweise überzeugt, dass man die Sünde in der Welt vermehrt, wenn man heiratet und Kinder zeugt, und dass es der sicherste Pfad zum Heil ist, sich jeglicher Sexualität zu enthalten und das Essen einzustellen. Dieser Weg zur Heiligkeit, den sie Endura nannten, wurde von denen, die man in der Sekte als Perfecti – die Vollkommenen – bezeichnete, tatsächlich beschritten. Hildegard schreibt, dass die Sekte nur deshalb so anziehend wirkte, weil sie sich um ihre Mitglieder kümmerte und, dies sei nur am Rande bemerkt, die Frauen als gleichberechtig ansah und ihnen die Ausübung von Leitungsfunktionen zubilligte. Hildegard führt weiter aus, dass die katholischen Gemeinden keine vergleichbare Anziehungskraft entwickeln könnten, da die Vertreter der Kirche sowohl ihren Verkündigungsauftrag als auch ihre karitativen Aufgaben vernachlässigten, von der gleichberechtigten Behandlung von Frauen ganz zu schweigen.

Albert von Stade kam diese Argumentation entgegen, denn er sah in den Franziskanern diejenigen, die sich, arm dem armen Christus folgend, um die Menschen kümmerten und ihnen die frohe Botschaft verkündeten. Die Benediktiner, die er vergeblich zu reformieren suchte, glichen in seinen Augen dagegen dem Klerus, dem Hildegard Selbstbezogenheit und die Vernachlässigung seiner eigentlichen Aufgaben vorwarf. Dass die Welt nicht perfekt ist und auch gutgemeinte Reformbestrebungen scheitern, erklärte Albert mit Hildegards Worten damit, dass das Ende der Welt nahe sei. In den Widrigkeiten der gegenwärtigen Zeit erkannte er das Wirken des Antichrists, mit dem die wahren Gläubigen in ihrer Standhaftigkeit geprüft werden sollten. Matthaeus Parisiensis behauptete dasselbe, nur war er davon überzeugt, dass die Franziskaner die Vorboten des nahen Weltenendes und die Benediktiner die zu Unrecht ins Hintertreffen Geratenen seien. Das hat zwar kaum mehr etwas damit zu tun, was Hildegard mit dem gemeint hatte, was sie in den verschiedenen Werken schrieb, die Albert von Stade, Matthaeus Parisiensis und andere Autoren zur Unterstützung ihres Standpunktes zitierten. Ihre Worte entfalteten aber dennoch die erwünschte Wirkung, denn sie beriefen sich darauf, dass Hildegard als Frau, die wohl kaum Bildung genossen habe, zweifellos von Gott mit Visionen begnadet worden sei, die eine Wahrheit verkündeten, die die Zeiten überdauere.

Natürlich konnte es intelligenten Zeitgenossen nicht verborgen bleiben, dass das immer wieder vorhergesagte Ende der

Welt noch nicht eingetroffen war. Da Hildegard in ihren Werken keinen Zeitpunkt für das Eintreffen dieses Ereignisses genannt hat, wurde sie von Theologen wie Heinrich Harcaly (1270 bis 1311), der als Kanzler der Universität Oxford im Streit um den Vorrang zwischen Thomas von Aquin und Duns Scotus für Letzteren Stellung bezog, als Gewährsfrau für die Unvorhersagbarkeit der Apokalypse herangezogen. Harclay zitiert Hildegard gemeinsam mit Joachim von Fiore, der wirklich ein Datum für den Anbruch des letzten Weltzeitalters genannt hatte, der erythräischen Sibylle, einer mythischen Prophetin, die unaufgefordert das Ende der Welt vorherzusagen pflegte und dem römischen Dichter Ovid, von dem man im Mittelalter glaubte, er habe die Geburt Christi vorhergesehen.

Im 14. Jahrhundert wurde Hildegards Autorität von Michael de Leone (ca. 1330 bis 1355) in Anspruch genommen. Michael war nach seinem Studium in Bologna zunächst kaiserlicher Notar, später bischöflicher Protonotar und schließlich Scholastiker des Stifts Neumünster. Er schrieb ein Buch mit dem bemerkenswerten Titel „Chronik der Zeiten der modernen Menschen", in dem er gegen die im 14. Jahrhundert verbreiteten Flagellanten- und Geißlerzüge Stellung nimmt. Die Flagellanten waren eine christliche Laienbewegung, die sich nach dem lateinischen Wort für Peitsche, Flagellum, nannten. Sie waren davon überzeugt, dass sie, in dem sie sich selbst öffentlich auspeitschten, also geißelten, für ihre Sünden Buße tun könnten. Allerdings stammt das Gedicht, das Michael seinen kritischen Worten über die Geißler hinzufügt, gar nicht von Hildegard, er bediente sich aber durchaus erfolgreich der Autorität der Äbtissin. Tatsächlich hätte Hildegard eine Praxis wie die Selbstgeißelung vermutlich kritisch gesehen. Sie war, vor allem nach den Erfahrungen mit den selbstzerstörerischen Bußübungen ihrer Mentorin Jutta, immer für eine gemäßigte Lebensweise eingetreten und lobte die Discretio, die Gabe der Unterscheidung, als zentrale geistliche Kraft.

Der Dominikanermönch Johannes Tauler (ca. 1300 bis 1361) gehört zu denjenigen Rezipienten, die mehr als nur eine Zitatensammlung von Hildegard gelesen hatten. Seine Predigten, die er vor den Schwestern des Konventes St. Gertrud am Neumarkt in Köln hielt, zeigen eine beachtliche Detailkenntnis des Scivias. Gut möglich, dass Tauler sich für Hildegards Werke interessierte, weil er wie Meister Eckhard davon ausging, dass Gott in der menschlichen Seele auf verborgene Weise anwesend ist, und ihn die Begegnungen Hildegards mit dem lebendigen Licht inspirierten. Die von den Dominikanern im 14. Jahrhundert gepflegte Spiritualität eines Ausgleichs zwischen den im Alltag notwendigen Arbeiten und den Erfordernissen des geistlichen Lebens schuf eine natürliche Verbindung zur benediktinischen Spiritualität. Deshalb wurde Hildegard auch von anderen Dominikanerautoren und -predigern zu Rate gezogen. Sie griffen ebenfalls nicht immer auf Originalzitate der Binger Nonne zurück. Der Wanderprediger Heinrich von Nördlingen (gest. nach 1356) berief sich in einem Brief an die Dominikanerin Margarete Ebner auf Hildegard. In dem Briefwechsel geht es um die Frage, ob Freunde sich angesichts des (wieder einmal) als nahe empfundenen Endes der Welt gegenseitig vor Gefahren warnen dürften. Der Gedanke, der dahintersteht, ist, dass beispielsweise die Pestepidemien als Prüfung gedeutet wurden. Und so machten sich skrupulöse Naturen Gedanken darüber, ob die Seelen ihrer Freunde Schaden nähmen, wenn sie diese vor der herannahenden Seuche warnten. Sie könnten sich dann zwar in Sicherheit bringen, gingen aber der Chance verlustig, durch das Bestehen der Prüfung ihre Seele zu läutern. Uns erscheinen solche Gedanken heute abwegig, im 14. Jahrhundert wurden sie aber durchaus ernsthaft diskutiert. Heinrich riet Margarete Ebner unter Berufung auf die Autorität Hildegards dazu, ihre Freunde guten Gewissens zu warnen. Hildegard wäre, obwohl das Zitat, das Heinrich als Beleg für sein Argument anführt, nicht von ihr stammt, bestimmt einverstanden gewesen.

Sterbekunst, Zeitkritik und Weltenende

Dem Trend, Hildegard mit Worten zu zitieren, die sie weder gesagt noch geschrieben hat, folgten und folgen zahlreiche andere Autoren und machen damit deutlich, dass die Autorität der Benediktineräbtissin auch Jahrhunderte nach ihrem Tod noch groß genug war, um zur Unterstützung eigener Argumente herangezogen zu werden. Ein in niederdeutscher Sprache verfasstes Traktat mit dem Titel „Vom Tod und vom letzten Gericht" nutzt das Ansehen der Binger Nonne für die Präsentation des Konzeptes der Ars moriendi, der Sterbekunst. Bedingt durch die furchtbaren Pestepidemien, durch die ganze Landstriche entvölkert wurden, beschäftigten sich die Menschen verstärkt mit dem Tod. Gut vorbereitet zu sterben, war den Menschen der damaligen Zeit sehr wichtig, und deshalb entstanden Ratgeber, die bei der Vorbereitung und der Auseinandersetzung mit dem Ende des irdischen Lebens halfen. Eng in Zusammenhang mit der Sterbekunst stehen die Weissagungen über das Ende der Welt und das Jüngste Gericht. Auch in dieser Literaturgattung taucht Hildegard immer wieder als Quelle auf.

Am meisten zitiert wurde hier ein Text von Augustinus über die 15 Vorzeichen des Jüngsten Gerichtes, die in seinem Buch „De civitate dei", Über den Gottesstaat, zu lesen sind. Die Weissagung, auf die der Kirchenvater sich dort bezieht, stammt angeblich von der erythräischen Sibylle und zählte nicht nur in Klosterschulen zum Standardlehrprogramm, sondern fand auch regelmäßig Eingang in die im Verlauf der Mittelalters entstehenden Weltchroniken. Diese Geschichtsbücher, die, was uns heute merkwürdig erscheint, bei Adam und Eva beginnen und mit dem Ende der Welt zu enden pflegten, antworteten auf die für den Zeitgeist enorm wichtige Frage, welche Rolle die jeweils Herrschenden im Szenario des mehr oder weniger nah gewähnten Weltendes spielten. Wer die Weissagungen mit den damals aktuellen politischen Ereignissen vergleicht, findet also durchaus höchst reale Bezüge. Und tatsächlich waren die Prophezeiungen nicht selten Auftragswerke aus höchsten Regierungskreisen, die dazu dienten, den jeweils herrschenden König im rechten Licht dastehen zu lassen. Weil man Hildegard zu den Sibyllen zählte – sie wird auch in der älteren biografischen Literatur regelmäßig als Sibylle vom Rhein bezeichnet –, lag es nahe, sie in diesem Zusammenhang ebenfalls zu zitieren. In einer Visionshandschrift, in der das Weltende für das Jahr 1321 vorausgesagt wird, beruft sich die weissagende Sibylle, die, wie wir wissen, in mythischer Vorzeit gelebt hat, ausgerechnet auf die viele Jahrhunderte später lebende Hildegard von Bingen, allerdings ohne den Versuch zu machen, ein genaues Zitat der Visionärin als Beleg beizubringen. Unterhaltsamerweise wird das Weltenende in einer späteren Ausgabe des Buches auf das Jahr 1361 verlegt, woran man sieht, dass sich die Verleger durch die nicht eingetretene Prophezeiung keineswegs davon abhalten ließen, ihr Werk weiter an den Mann und die Frau zu bringen. Bis heute sind von diesem Text 40 handschriftliche Versionen und 31 gedruckte Quellen überliefert. Einer davon wurde 1451/53 in der Offizin Johann Gutenbergs gedruckt und gilt als der älteste mit beweglichen Lettern hergestellte deutschsprachige Text. Man kann diese Verbreitung, die uns gering erscheint, durchaus mit den Bestsellern der heutigen Ratgeberliteratur vergleichen.

Dass Hildegard in all diesen Werken immer wieder namentlich oder in Form von Zitaten aus ihren Schriften auftaucht, zeigt eindrucksvoll, wie nachhaltig sie auch nach ihrem Tod gewirkt hat. Dies ist umso bemerkenswerter, als die Versuche, sie heiligsprechen zu lassen, immer wieder scheiterten. Zugleich aber wurden ihre Werke im 14. Jahrhundert von kirchenpolitischen Schriftstellern und päpstlichen Kanzleibeamten wie Dietrich von Niem (ca. 1340 bis 1418) gelesen und zitiert. Er besuchte sogar ihr Grab und zog Abschnitte aus ihren Schriften heran, um den politischen Niedergang des Hauses Luxemburg als von ihr vorhergesehen und somit als zwangsläufige politische Entwicklung darzustellen.

In ganz ähnlicher Weise machte sich auch der Schriftsteller und fahrende Dichter Michel Beheim (1416 bis 1475) Hildegards

Schriften zunutze. Fahrende Sänger waren, zumal wenn sie, wie Michael Beheim, an den wichtigen Höfen der Zeit auftraten, schon aus beruflichen Gründen darauf angewiesen, stets den richtigen Ton zu treffen und am Puls der Zeit zu sein. Beheims Dichtungen und Kompositionen ähneln denen der Meistersinger und umkreisen stets die brandaktuellen Themen seiner Epoche. Er tadelte mit strengen Worten die Fehlentwicklungen der Stände. Da er für die Herrschenden sang, sah er, in nachvollziehbarer Weise, die Bestrebungen der Stände, stärker an der Macht teilzuhaben, kritisch. Er wandte sich auch gegen die Hussiten, deren gesellschaftspolitische Forderungen für Unruhe an den Fürstenhöfen sorgten, und gegen vielfältige andere, von der kirchlichen Lehre abweichende Gruppierungen. Er bezog in seinen Liedern auch Position gegen den verbreiteten Aberglauben, der in magischen Ritualen die wunderlichsten Blüten trieb. Dazu kamen ihm Hildegards kirchenkritische und die Endzeiterwartung thematisierenden Texte sehr gelegen, und er baute einige von ihnen in seine Dichtungen ein.

Die Vorläuferin der Reformation

Wie bereits erwähnt, waren die Reformatoren begeistert über die kirchenkritischen Töne, die Hildegard in ihrem Schriftwechsel, zum Teil aber auch in ihren theologischen Werken, anschlug. Da ihnen, in gut mittelalterlicher Tradition, wichtig war zu betonen, dass die Reformen, die sie forderten, im Grunde nichts Neues waren, sondern vielmehr die Rückkehr zum idealen Zustand der Urkirche zum Ziel hatten, kam es ihnen hervorragend gelegen, dass andere Theologinnen und Theologen schon Jahrhunderte zuvor in ähnlicher Weise an den Zuständen innerhalb der Hierarchie Kritik geübt hatten. Als Andreas Osiander (1498 bis 1552), der, wie Martin Luther, Augustinereremit gewesen war, im Jahr 1522 zusammen mit Lazarus Spengler erster protestantischer Prediger an St. Lorenz in Nürnberg wurde, wirkte er nicht nur in Wort, sondern auch in Schrift für die Sache der Reformation und begann damit, Literatur herauszugeben, die die neue theologische Strömung unterstützte. Sein erstes Werk handelte von einer „wunderlichen Weissagung wider das Papsttumb" und zeigte 30 Holzschnitte von Päpsten mit rätselhaften Attributen. Auf seine Zeitgenossen müssen die Holzschnitte wie höchst unterhaltsame Karikaturen gewirkt haben. Das Werk war enorm erfolgreich; aufgrund seiner zugespitzten Darstellungen war es dem Rat der Stadt, wenngleich dieser bereits protestantisch war, dennoch unangenehm, und Osiander handelte sich ebenso wie der Meistersinger Hans Sachs, der Reime zu den Bildern beigesteuert hatte, und wie der Drucker Hans Guldemund Verwarnungen ein. Dass sie sich davon hätten einschüchtern lassen, kann man nicht behaupten. Osiander brachte sofort ein zweites Buch auf den Markt. Wie schon so viele vor ihm, griff auch der Reformator nun auf die Autorität Hildegards zurück, die gleich ihm im Kloster gewesen war und ebenfalls in harscher Form Kritik an den Missständen ihrer Zeit geübt hatte.

Osiander hatte Texte von Hildegard im Kartäuserkloster von Nürnberg entdeckt. Er hätte auch in anderen Nürnberger Bibliotheken fündig werden können, denn in der fränkischen Stadt gehörte Hildegard offenbar zur Standardlektüre; kein Wunder, wenn man bedenkt, dass schon Hartmann Schedel sie wenige Jahrzehnte zuvor in seine Weltchronik aufgenommen hatte. Was Andreas Osiander in Hildegards Texten las, gefiel ihm ganz außerordentlich: „Diese Prophecey und weissagung ist von der Pfafferei und von der plage die über sie sol ergehen." Der Reformator fügte zwei aus verschiedenen Werken Hildegards stammende, inhaltlich aber gut zueinander und zu seinem Anliegen passende Texte zusammen. Dabei handelt es sich um eine Predigt, die Hildegard auf einer ihrer Predigtreisen in Kirchheim/Teck gehalten und auf die Bitten des Pfarrers Werner von Kirchheim hin nachträglich aufgeschrieben hatte. Der zweite Textabschnitt stammt aus dem „Liber divinorum operum", dem „Buch vom Wirken Gottes". Hier werden der beklagenswerte Zustand der Geistlichkeit, ihre Unsittlichkeit und

Habgier mit scharfen Worten gegeißelt. Hildegard mahnt, dass, wenn die zu Recht kritisierten Zustände sich nicht änderten, mit gewaltsamen Reaktionen von Seiten der Laien gerechnet werden müsse. Keine Frage, dass diese unverhohlene Warnung Wasser auf den Mühlen der Reformatoren gewesen sein muss. Hans Guldenmund war übrigens nicht so mutig, nach der Abmahnung durch den Stadtrat ein zweites Werk Osianders zu drucken. Es erschien in der Offizin eines anderen Nürnberger Druckers, der seinen Namen jedoch vorsichtshalber unerwähnt ließ. Wir wissen heute, dass es sich dabei um Hieronymus Andreae, genannt Formschneider, handelte, der auch am Druck der von Osiander herausgegebenen Papstbilder beteiligt gewesen war und seitdem alles, was er drucken wollte, vom Rat genehmigen lassen musste. Ob Hildegards Weissagungen die Zensur der Stadtväter ungehindert durchliefen oder ob er sie vorsichtshalber nicht gefragt hat, ist nicht überliefert. Ihre Texte müssen jedoch vielfach gekauft und gelesen worden sein, denn Georg Rhau druckte sie in Wittenberg in einer überarbeiteten Fassung nach, in der er schwer verständliche Ausdrücke, die Osiander aus seiner spätmittelalterlichen Vorlage übernommen hatte, in eine zeitgemäße Sprachform brachte, die so wenig später in Zwickau nachgedruckt wurde. All diese Ausgaben erschienen innerhalb eines einzigen Jahres, 1527. Und sie zeigen eindrucksvoll, wie sehr sich die Reformatoren von der viele Jahrhunderte vor ihnen lebenden Nonne verstanden und in ihrem Engagement unterstützt fühlten.

Ganz ähnlich wie bei der Auseinandersetzung zwischen den Benediktinern und den Franziskanern im 14. Jahrhundert bedienten sich auch in der Reformationszeit beide Seiten der Autorität Hildegards, um ihre jeweiligen Argumente zu untermauern.

So ist es wenig verwunderlich, dass auch engagierte Katholiken die Binger Benediktinerin zitierten. Hieronymus Gebwiller (1473 bis 1545) war einer von ihnen. Seit 1501 war er Leiter der damals sehr renommierten Humanistenschule in Schlettstadt. 1509 wurde er Leiter der Domschule in Straßburg. Dies ist durchaus ungewöhnlich, denn Gebwiller war Laie und noch dazu verheiratet. Normalerweise wurden die Domschulen von Klerikern geleitet, Gebwiller muss also als Pädagoge sehr angesehen gewesen sein, um diese Stellung übernehmen zu können. 1524 wechselte er nach Hagenau an die Schule Sainte-George. Neben seiner Direktorentätigkeit gab er zahlreiche Schriften heraus, darunter Werke des Aristoteles und Bücher von Henricus Faber, die er mit eigenen Vorworten versah. In seinen eigenen Werken, darunter eine Lebensbeschreibung der heiligen Odilia und ein Werk über die Verehrung der Gottesmutter, verteidigte Gebwiller die Positionen der katholischen Kirche und kritisierte zugleich das Verhalten der Priester, denen er harte Strafen ankündigte. Dabei berief er sich ebenso wie Andreas Osiander auf die Schriften Hildegards. Auch seine Ausgabe von Prophezeiungen der Benediktinerin erschien 1527/28, also in engem Zusammenhang mit der Rezeption von Hildegards Werken durch die Reformatoren. Seine Schule in Hagenau war zu diesem Zeitpunkt wegen einer Pestepidemie geschlossen. Gebwiller bezieht in seinem Buch klar Stellung. Nur wenn die Priester und Mönche umkehrten und, wie es Martin Luther in ganz ähnlicher Weise forderte, wieder ein Leben gemäß dem Evangelium führten, würde die Kirche nicht untergehen.

Trithemius und sein Katalog illustrer Männer

Ein unersetzlicher Baustein für die Überlieferung von Hildegards Werken und die Geschichte ihrer Verehrung ist das Engagement von Johannes Trithemius (1462 bis 1516). Johannes, der auch unter den Namen Johannes Heidenheim, Johannes Zeller und Johannes Trittenheim bekannt ist, war Abt des bei Bad Kreuznach gelegenen Benediktinerklosters Sponheim. Er war ungeheuer bildungsbeflissen und lernte als Heranwachsender, weil sein Stiefvater ein Bildungsgegner war, heimlich Latein, Griechisch und Hebräisch. Im Alter von 17 Jahren floh er von zu Hause, trat 1482 in die Abtei Sponheim ein und wurde schon ein Jahr später als jüngstes Mitglied des Klosters zum Abt gewählt. Er konsolidierte nicht nur die Finanzen des am Rande des Ruins stehenden Konventes, sondern reformierte durch geschickte pädagogische Aktivitäten und eine durchdachte theologische Programmatik auch dessen inneres Leben. Johannes begeisterte sich für Bücher. Als er in Sponheim eintrat, verfügte die Bibliothek über 48 Bände, was nicht ungewöhnlich für eine kleine Abtei des 15. Jahrhunderts war. 30 Jahre später waren es durch das Engagement des bildungshungrigen Abtes mehr als 2000 Bände, und sein Kloster verfügte damit über eine der größten, wenn nicht die größte Bibliothek Deutschlands. Er schuf unter anderem eine Art „Who's who" der Geistesgrößen des Mittelalters, das er „Catalogus illustrium virorum", also Katalog der berühmtesten Männer, nannte. In dieser Liste finden sich auch die Namen Hildegard von Bingen, Hroswith von Gandersheim und Elisabeth von Schönau. In seinem Buch über wichtige kirchliche Schriftsteller der Vergangenheit wird Hildegard ebenfalls als relevante Autorin aufgeführt. Ihre Werke hatte er durch die Rupertsberger Originalhandschriften kennen gelernt. Ob er mit Hildegard über ihren ohnehin hohen Bekanntheitsgrad in Berührung kam oder über die Tatsache, dass Hildegards Mentorin Jutta aus Sponheim stammte und von daher in seinem Kloster eine lebendige Tradition der Hildegardverehrung herrschte, wissen wir nicht. Klar ist aber, dass Johannes eine unermüdliche Tätigkeit entfaltete, um die Verehrung Hildegards zu fördern. Thrithemius erstellte Listen mit Titeln ihrer Werke und betonte mit Blick auf die Rezeption der ihren Werken entnommenen Prophezeiungen mehrfach, dass diese alle eingetroffen seien. Er sammelte nicht nur ihre Schriften und trug zu ihrer Verbreitung bei. Als 1498 Hildegards Reliquienschrein zum zweiten Mal eröffnet wurde, um zu überprüfen, ob sich bei den Reliquien eine Heiligsprechungsurkunde befände – die erste Öffnung war am 17. November 1489 auf Initiative der damaligen Äbtissin Adelheid von Reifenberg und unter Aufsicht des Mainzer Erzbischofs Berthold von Henneberg erfolgt –, reiste er persönlich auf den Rupertsberg und erhielt für sein Kloster einen Arm der Heiligen mit Handknochen. Um ihre liturgische Verehrung zu fördern, textete er eine Sequenz zu ihren Ehren.

Ein Druck geht um die Welt

Als Hildegards „Scivias“ 1513 von Henricus Faber Stapulensis gedruckt wurde, war es Teil einer Sammlung mit dem Titel „Liber trium virorum et trium spiritualium virginum“, zu deutsch „Buch dreier Männer und dreier spiritueller Jungfrauen“. Da Bücher zu drucken eine kostspielige Angelegenheit war, müssen solche Kompendien, in denen man Visionsschriften verschiedener Männer und Frauen miteinander vergleichen konnte, einen Markt gehabt haben. Neben der Übereinstimmung in der Gattung hatten die Werke, die Faber in seinem Buch zusammengestellt hat, auch weitere Gemeinsamkeiten.

Sie gehörten allesamt zur Gruppe reformtheologischer Schriften, Werken also, deren Ziel es war, in ihrem jeweiligen Jahrhundert die kirchliche Entwicklung voranzubringen. Hildegards Text steht hier in einer Reihe mit dem „Hirt des Hermas“ (2. Jahrhundert n. Chr.), den sie selbst mit einiger Sicherheit gelesen hat und dem sie vieles verdankt. Ihr Text ist in Verbindung zu sehen mit dem „Buch von der Rede des Herrn Jesus Christus“ und dem „Buch der Visionen des Robert von Uzes“ (1263 bis 1296), der Dominikaner war, sowie mit dem „Buch der Visionen von Uguentius“, der Benediktiner war und wohl im 13. Jahrhundert lebte. Eine Verbindung gibt es auch zu ihrer Zeitgenossin, der Benediktinerin Elisabeth von Schönau (1129 bis 1164), deren Hauptwerk „Liber viarum dei“ abgedruckt ist, dessen Titel „Buch der Wege Gottes“ dem von Hildegards erstem Visionswerk so bemerkenswert ähnlich ist, und zu der Helftaer Zisterzienserin Mechthild von Hackeborn (1241 bis 1299), aus deren „Buch der besonderen Gnade“ Auszüge in den Druck aufgenommen worden sind. Dass Hildegards Erstling in diesem Druck enthalten ist, hängt mit der persönlichen Beziehung Fabers zum Rupertsberger Konvent zusammen, den er wenige Jahre vor dessen Erscheinen aufgesucht hat. Die damalige Äbtissin Adelheid von Ottenstein nutzte die Chance, den Gast mit den Werken ihrer Vorgängerin bekannt zu machen, und drängte darauf, eine Drucklegung vorzunehmen. Adelheid war überzeugt davon, dass die Verbreitung der Werke Hildegards in gedruckter Form die vom Konvent immer noch angestrebte offizielle Heiligsprechung vorantreiben könne.

Allerdings wurde die Abschrift des „Scivias" offenbar in großer Eile erstellt. Teile des Werkes fehlten, andere waren fehlerhaft kopiert worden. Dies war insofern ungünstig für die Hildegard-Rezeption, als Fabers Druck in den kommenden Jahrhunderten als autorisierte Vorlage angesehen und vielfach nachgedruckt wurde. Als das Interesse an der Originalgestalt der Werke Hildegards wieder zunahm, verglich man Fabers Druck mit der Textfassung des Riesenkodex und nahm zunächst an, Faber selbst habe die Änderungen vorgenommen, um die Schrift Hildegards stilistisch dem humanistischen Zeitgeschmack anzupassen. Adelgundis Führkötter und Angela Carlevaris, zwei Hildegard-Forscherinnen aus der Abtei St. Hildegard, stellten jedoch fest, dass dies wenig wahrscheinlich ist, denn die Werke Elisabeth von Schönaus oder Mechthild von Hackeborns wurden nicht in vergleichbarer Weise verändert. Daher geht man heute davon aus, dass Faber die ihm zur Verfügung gestellte fehlerhafte Vorlage in Druck gab. Deshalb bedienten sich nahezu alle, die sich nachfolgend mit Hildegards theologischem Erstling beschäftigten, der Druckausgabe von Faber und der auf dieser Grundlage erstellten Nachdrucke. Dabei entstanden, wie z. B. bei der in der Mitte des 19. Jahrhunderts von Jaques Paul Migne erstellten Ausgabe in der Reihe „Patrologia Latina", in der bedeutende Werke der lateinischsprachigen theologischen Literatur ediert wurden, neue Fehler. Diese wirkten sich dann auf die Übersetzungen ins Deutsche aus, die auf der Grundlage dieser Ausgabe entstanden.

Inspirierend wirkte sie dennoch. Sonst wäre Hildegard im 17. Jahrhundert wohl nicht zum Thema eines Theaterstückes geworden. In der Folge der Reformationszeit hatte sich an den Schulen eine Theaterszene entwickelt, in der Reformatoren und Gegenreformatoren ihre jeweiligen Standpunkte in den Köpfen und Herzen der Schülerinnen und Schüler verankern wollten. Theologen und Lehrer beider Konfessionen verfassten daher regelmäßig Theaterstücke, die vor der versammelten Schüler- und Elternschaft aufgeführt wurden, deren Präsentation mitunter aber auch ein gesamtstädtisches Ereignis war. Federführend auf katholischer Seite waren die Jesuiten, die sich bei ihren gegenreformatorischen Aktivitäten modernster Medien und auch des Theaters bedienten. Sie schufen eine Schulkomödie mit dem Titel „Von der heiligen Hiltegard", die 1617 in der Offizin Christoph Mangs von dessen Witwe Sara gedruckt wurde.

Ihr Wirken begreifen – die Verehrung der Reliquien Hildegards

Der früheste Bericht über die Bergung von Reliquien findet sich in der Vita des Bischofs Polykarp, der 156 oder 167 als Märtyrer verbrannt wurde. Dort heißt es: „So sammelten wir später seine Gebeine auf, die wertvoller sind als kostbare Steine und besser als Gold, und setzten sie an geeigneter Stelle bei." Damit verhinderten die Anhänger des Polykarp, dass sich verwirklichte, was seine Verfolger gewollt hatten, nämlich mit der gänzlichen Vernichtung seines Leibes sein Weiterleben zu verhindern. In der Antike und im Mittelalter war man davon überzeugt, dass das jenseitige Weiterleben an den irdischen Körper gekoppelt war. In den Gebeinen der verstorbenen Heiligen glaubte man deren Virtus, deren von Gott herrührende Kraft, lebendig. Deshalb war man besonders von denjenigen Heiligen beeindruckt, deren Körper nach dem Tod nicht verwesten, wie dies bei Cuthbert von Lindisfarne, Bathilde von Celles oder dem von Otto III. zum Zwecke der Heiligsprechung exhumierten Karl dem Großen der Fall war. Die Unversehrtheit konnte auch nur Teile des Leichnams betreffen wie beim heiligen Johannes Nepomuk, der sich geweigert hatte, dem König Wenzel zu verraten, was dessen Frau bei ihm gebeichtet hatte. Dafür wurde er von einer Brücke in die Moldau gestoßen, doch seine Zunge fiel der Verwesung nicht anheim.

Anwärter auf den Erhalt des Leibes waren besonders die sexuell enthaltsam Lebenden und die Märtyrer. Ausnahmen wie Karl der Große, der mehrere Frauen und zahlreiche Kinder hatte, bestätigten diese Regel. Wegen der Hochschätzung des erhalten gebliebenen Leibes war man zunächst darauf bedacht, den Corpus integrum beisammenzuhalten. Von der Weisheit dieser Maßnahme, die denjenigen, die 926 die in St. Gallen erschlagene heilige Rekluse Wiberat fanden, noch selbstverständlich war, schien Bischof Gebhard von Konstanz nichts mehr zu wissen, als er sich Teile der Ganzkörperreliquie des heiligen Bischofs Ulrich von Augsburg (gest. 973) aneignen wollte und von diesem in einer Vision ermahnt wurde: „Ich will meinen Körper unversehrt bis zum Jüngsten Tage an diesem Ort bewahren.“ Bischof Bernward von Hildesheim (gest. 1022) hatte keine diesbezüglichen Skrupel mehr und nahm anlässlich eines Rombesuchs bei der Öffnung des Sarkophags des in St. Paul vor den Mauern begrabenen heiligen Timotheus einen Arm mit nach Hause. Spätestens von diesem Zeitpunkt an gab es kein Halten mehr. Der unverwest erhalten gebliebenen Elisabeth von Thüringen wurde der Kopf abgeschnitten, und Thomas von Aquin, der ebenfalls die Verwesung nicht schaute, wurde ausgekocht, um den über gewaltige Körpermaße verfugenden Heiligen in mehrere Stücke zerteilen und ihn an vielen Orten verehren zu können.

Die Geschichte der Reliquien Hildegards folgt der allgemeinen Logik der Reliquienverehrung. Hildegards Zunge und ihr Herz sind unverwest erhalten geblieben. Für diejenigen, die dies feststellten, war das eine klare Botschaft. Hildegard war eine große Liebende, deren Wahrnehmung in der Hinwendung zum lebendigen Licht erhellt wurde. Darum hat ihr Herz die

Verwesung nicht geschaut. Die unverwest erhalten gebliebene Zunge der Heiligen deutet hingegen auf die überzeitliche Wahrheit der Botschaft hin, die sie verkündet hat. Nach ihrem Tod wurde die Äbtissin wohl in der Gruft vor dem Hauptaltar von Kloster Rupertsberg beigesetzt. Eine folgerichtige Entscheidung des Konventes, der seiner Gründerin damit einen Ehrenplatz einräumte und zugleich ermöglichte, dass die Nonnen Hildegard weiterhin als in ihrer Mitte anwesend wahrnahmen. Obwohl die Teilung der Überreste als heilig verehrter Menschen, wie man etwa an dem Umgang mit Elisabeth von Thüringen und Thomas von Aquins sehen kann, im 13. Jahrhundert bereits üblich war, blieb Hildegards Grab zunächst unversehrt und wurde erst 1489 und dann wiederum kurz darauf 1498 geöffnet. Das Hauptinteresse dabei war die Suche nach einem Beleg für ihre möglicherweise bereits erfolgte Kanonisation. Bei der zweiten Öffnung wurde, wie bereits erwähnt, ein Arm der Heiligen entnommen und Abt Johannes Trithemius von Sponheim übergeben. Als im Dreißigjährigen Krieg die aus Mainz anrückenden schwedischen Truppen dem Kloster bedenklich nahe kamen, flohen die Nonnen, zusammen mit ihrer Äbtissin Anna Lech von Dirmstein, Ende Dezember 1631 nach Köln. Neben Archivmaterial und einem Teil der Bibliothek nahmen sie auch Teile der Gebeine ihrer Gründeräbtissin und ihres Klosterpatrons Rupert mit, ließen aber einige der Reliquien Hildegards in einem Gewölbe der Klosterkirche zurück. Am 14. April 1632 wurde das Kloster bei einem Brand zerstört. Am Tag darauf suchten zwei Laienschwestern, die möglicherweise in der Nähe bei Verwandten Zuflucht gefunden hatten, das Kloster auf und bargen die unversehrt gebliebenen Überreste ihrer Gründerin. Nach einigen Zwischenstationen in Bingen und Mainz siedelten sich die verbliebenen Schwestern schließlich in Eibingen an, wo Kloster und Kirchengebäude neu errichtet und die Reliquien verwahrt wurden und bis zur Säkularisation blieben.

Die juristische Aufhebung von Kloster Eibingen erfolgte 1802. Bis zur endgültigen Räumung am 3. März 1814 verblieben die Nonnen aber in ihrem Kloster. Mit dessen endgültiger Schließung wurden die Reliquien Hildegards dem Eibinger Pfarrer übergeben, der sie in die Johannes dem Täufer geweihte Dorfkirche brachte, während die Reliquien des heiligen Rupertus an die Rochuskapelle übergingen. Die Verehrung der Reliquien Hildegards war jedoch schon vor dem Dreißigjährigen Krieg eine auf den Konvent begrenzte Angelegenheit. Für die Binger Bevölkerung hatte ein Madonnenbild in der Nähe des Klosters größere Bedeutung für die Alltagsspiritualität als die Gründeräbtissin des Klosters Rupertsberg. Und auch in Eibingen scheint sich die Verehrung eher schleppend entwickelt zu haben. Um dem abzuhelfen, ließ die Äbtissin Maria Anna Ulner von Dieburg ein Andachtsbüchlein drucken, das die Besucherzahlen an den jährlich am Nachmittag des Festes Maria Geburt stattfindenden Heiltumsweisungen steigern helfen sollte. Sie erklärt in ihrem Vorwort zu dem Buch, dass die Reliquien Hildegards nur wenigen Menschen bekannt seien und deshalb nicht so oft und von so vielen besucht würden, wie es ihrer Würde entspräche. Äbtissin Anna verweist werbend auf die vielen Wunder, die sich auf die Fürsprache Hildegards in der Vergangenheit ereignet hätten und noch ereignen würden. Man könne, so führt sie weiter aus, die Reliquien berühren, Rosenkränze daran streichen, damit die Kraft der Reliquien auf diese übergingen und man so den Segen Hildegards mit nach Hause nehmen könne. Ob das Andachtsbuch die Wallfahrt zu Hildegard entscheidend gefördert hat, ist nicht überliefert. Es hat allerdings nicht den Anschein, dass ihre Verehrung mehr als ein lokal begrenztes Phänomen gewesen wäre. Offenbar verlief die Hildegard-Rezeption, insgesamt gesehen, bis zum 20. Jahrhundert eher auf intellektueller Ebene als im Bereich der Volksfrömmigkeit. Die Hildegard-Reliquie im Frankfurter Dom, die sich möglicherweise seit dem 14. Jahrhundert dort befindet, und der Finger Hildegards, den Kardinal Albrecht von Brandenburg 1521 der Stiftskirche in Halle schenkte und 1543 gemeinsam mit dem gesamten Haller Heiligtum nach Mainz bringen ließ, weil Halle sich der Reformation angeschlossen hatte, scheinen eher die Ausnahme als die Regel zu sein. Deshalb knüpfte der Limburger Bischof Peter Josef Blum, zu dessen Diözese Eibingen nun gehörte, wohl eher an die intellektuelle Seite der Hildegard-Verehrung an und beauftragte den dortigen Pfarrer, ein wissenschaftliches Gutachten über die Reliquien Hildegards zu erstellen, die nach dem Rückkauf der Pfarrkirche durch die Gemeinde Eibingen wieder dort verwahrt wurden. Blum setzte sich auch für die Verehrung Hildegards in Bingen ein. Er schenkt dem dortigen Pfarrer Adam Wagner zwei Hildegard-Reliquien, die auf einem Hildegard-Altar in der Rochuskapelle untergebracht sind.

Das 19. Jahrhundert ist einerseits von der Bewegung der Romantik geprägt, die eine große Sehnsucht nach allem spürte, was mit dem Mittelalter zu tun hatte. Andererseits ist es auch ein Jahrhundert der Aufklärung und des technischen Fortschritts. Offenbar versuchte der Limburger Oberhirte, beide Trends miteinander zu verbinden und durch ein wissenschaftliches Gutachten die Verehrung der Reliquien Hildegards zu fördern. Pfarrer Ludwig Schneider kam seinem Auftrag nach, veröffentliche eine umfangreiche Dokumentation, in der die Echtheit nachgewiesen wurde, und am 17. Dezember 1857 fand die erste feierliche Reliquienprozession in Eibingen statt. Von nun an verbreitete sich die Verehrung Hildegards ebenso wie ihre Reliquien. Als die Rochuskapelle 1889 bei einem Brand schwer beschädigt wurde, kamen Hildegard-Reliquien in die Pfarrkirche St. Martin. Von Eibingen aus erging ein Reliquiengeschenk von Pfarrer Adam Knie nach Bingerbrück. Weitere Überreste Hildegards befinden sich in Columbia (South Carolina), Culver City (California), Dernbach, Dietzenbach, Frankfurt, Fulda, Heilsbronn, Himmerod, Johannesberg, Köln, Limburg, Lourdes, Marienrode, Meschede, Münster, Naumburg, Abtei Neuburg, Solesmes, Trier, Tokio, Tabgha und zahlreichen anderen Orten. Einige der Schenkungen erfolgten in den Jahren 1994 bis 1998 im Zuge der sich intensivierenden Hildegard-Verehrung auf dem Weg zum Jubiläumsjahr 1998.

Hildegard und wir – von der Marke zur spirituellen Lehrerin

Nicht nur das Jahr 1998, auch die anderen Hildegard-Jubiläumsjahre wie der 750. Todestag im Jahr 1929 oder der 800. Todestag 1979 führten jeweils zu einer vermehrten Aufmerksamkeit für Leben und Werk Hildegards. Mit den Vorbereitungen zum 900. Geburtstag Hildegards im Jahr 1998 begann ein regelrechter Hildegard-„Hype“, der die Grenzen der kirchlichen Verehrung bei Weitem sprengte. Hildegard wurde, vor allem im Bereich der Naturheilkunde, zu einer Marke. Ob Hildegard-Medizin, Hildegard-Kochbücher oder Hildegard-Heilsteine, wo immer ihr Name auf dem Etikett steht, erhöhten und erhöhen sich die Verkaufszahlen. Dass es bei einer derart marktorientierten Form der Rezeption nicht immer mit rechten Dingen zugehen kann, dass also nicht jedes unter ihrem Namen erscheinende Rezept auch in ihren Werken zu finden ist oder auch nur entfernt auf diese zurückgeführt werden kann, versteht sich von selbst. Die Hildegard-Hypes der letzten Jahrzehnte sind, ganz ähnlich wie die Hildegard-Rezeption im Mittelalter und der Reformationszeit, in erster Linie Ausdruck einer Sehnsucht nach einer anderen Kirche und nach einer naturverbundenen Alltagsspiritualität. Viele Menschen fühlen sich von ihrer sehr lebendig praktizierten Gottesbegegnung angezogen. Ebenso faszinierend ist ihre unmittelbare Form tiefgehender Einsicht, die ebenso präzise ist wie die Ergebnisse wissenschaftlichen Forschens, aber auf anderen, intuitiven Wegen gewonnen wurde. Vergleicht man die Art und Weise, in der Hildegard Zugang zu Informationen über die Heilwirkung von Kräutern erhielt, ähnelt sie der, die heute noch von Schamanen im Amazonasgebiet angewandt wird, nur dass Hildegard kein Ayhuasca brauchte, um zu ihren Erkenntnissen zu gelangen.

Neben der in der Volksfrömmigkeit des Rheingaus verbreiteten Hildegard-Verehrung herrscht zumindest in der Region, in der Hildegard lebte und wirkte, eine tiefe Verbundenheit mit ihr, die auch von Menschen empfunden und zum Ausdruck gebracht wird, die nicht regelmäßig am kirchlichen Leben teilnehmen. Die alljährliche Hildegard-Prozession ist zu einer festen Einrichtung geworden. Auch bei nicht kirchlich sozialisierten Menschen genießt Hildegard große Anerkennung, weil man in ihr eine Frau sieht, die in direkter Beziehung zu Gott stand, die ihr Leben in sein Licht stellte und daraus handlungsleitende Erkenntnisse gewann.

Betrachtet man die heutige Hildegard-Rezeption, dann wird deutlich, dass vor allem ihr heilkundliches Wirken wahrgenommen wird. Die Lektüre ihrer theologischen Schriften beschränkt sich in der Regel auf einen kleinen, theologisch und historisch gebildeten Leserkreis. Auszüge aus den Werken, dies betrifft vor allem die Sammlung von Gebeten, werden von einer größeren Gruppe kirchlich sozialisierter Menschen rezipiert.

Anders sieht es mit der Rezeption Hildegards in der New Age-Bewegung aus. Ein Beispiel hierfür ist der Umgang mit ihren Werken im amerikanischen Sprachraum. Der Hildegard-Hype begann im englischen Sprachraum 1995 mit der CD „Vision", die, mit einem Bildband kombiniert, die Biografie Hildegards, ihre Werke und ihre Musik präsentierte. Dieses Projekt war insofern interessant, als es Beiträge so unterschiedlicher Autoren wie Barbara Newman und Matthew Fox in einem Buch präsentierte. Während Newman die Gesänge und die Theologie Hildegards intensiv erforscht und maßgebliche Beiträge zur Rolle der Sophia, der göttlichen Weisheit, in Hildegards Visionswerken geleistet hat, nahm Matthew Fox gewissermaßen eine Abkürzung, fertigte „Übersetzungen" von Werken Hildegards an, die auf englischsprachigen Ausgaben und nicht dem lateinischen Urtext basierten und ließ seine eigenen Thesen zur Schöpfungstheologie mehr oder weniger stark in seine Interpretation Hildegards einfließen. Diese eher von New Age-Gedankengut geprägte Rezeption hielt sich vor allem jenseits des Atlantiks hartnäckig, weil die Werke der mittelalterlichen Visionärin offensichtlich eine ideale Projektionsfläche für die verbreitete Sehnsucht nach neuen Wegen geistlichen Lebens, dem Engagement für die Bewahrung der Schöpfung oder den Fragestellungen der feministischen Bewegung bildeten. In diesem Zusammenhang dient Hildegard, ebenso wie in den Debatten um die Bettelorden im Mittelalter, zumeist als Fundgrube für Zitate, die den jeweils eigenen Standpunkt wirkungsvoll bekräftigen sollen.

Religiös Fernstehende interessiert Hildegard entweder als facettenreiche historische Frauengestalt oder als Komponistin. Der Bereich der Hildegard-Gesänge wird zwar weniger breitflächig wahrgenommen als der der Heilkunde, zieht aber in der Hildegard-Rezeption fraglos die zweitgrößte Aufmerksamkeit auf sich. Dies liegt nicht zuletzt daran, dass in den vergangenen Jahrzehnten der Gregorianischen Choral ein weit über die Grenzen der Kirchen hinausgehendes Revival erlebt hat. Seit die Mönche von Silos die Charts stürmten, haben sich die Einspielungen mit Gregorianischen Gesängen und, parallel dazu, die mit Hildegards Kompositionen deutlich vermehrt. Verfolgt man die Art der Einspielungen, lässt sich eine interessante Tendenz feststellen. In den Jahren der Hildegard-Begeisterung um 1998 erschienen überwiegend Interpretationen von Musikern, die ihren Schwerpunkt im Bereich mittelalterlicher Musik hatten, dazu einige Popmusikversionen von Hildegards Gesängen. Was vielen dieser CDs bei aller Professionalität fehlt, ist das Verständnis für den Kontext, aus dem und für den sie entstanden sind und innerhalb dessen sie musiziert wurden. Der Grund dafür liegt auf der Hand. Die Musiker, die hier sangen und spielten, hatten oft keine oder nur wenig Gottesdienstpraxis und sahen die Kompositionen in erster Linie als Kunstwerke an. Sie aus ihrem Kontext, der Liturgie, zu lösen oder sie ohne deren Kenntnis zu interpretieren, führt jedoch letztlich in die Irre. Es entspricht nicht den Anforderungen einer historisch informierten Aufführungspraxis, sich nur über die Sachgebiete zu informieren, die einem persönlich naheliegen. Die Kenntnis der politischen Situation und der gesellschaftlichen Ständeordnung ist wichtig, um Hildegards Wirken zu verstehen. Für die Interpretation ihrer Gesänge ist beides jedoch weit weniger relevant als die Lektüre der Regel Benedikts und die Kenntnis der liturgischen Abläufe.

Diese Erkenntnis hat sich erst relativ spät und auch nicht bei allen durchgesetzt. Die Beschäftigung mit der Art, in der Hildegard und ihre Schwestern Gottesdienst feierten, ist aber ebenso unabdingbar notwendig für eine sachgerechte Interpretation ihrer Kompositionen wie die Annäherung an das, was sie glaubte. Persönliche Distanz zum Glauben ist keine ausreichende Entschuldigung dafür, sich als Musikerin oder Musiker nicht damit auseinanderzusetzen, dass Hildegard hier eine andere Sicht hatte, einen anderen Standpunkt vertrat. Es geht ja beim Singen ihrer Responsorien und Antiphonen, ebenso wie bei ihrer Verehrung, nicht darum, die je eigenen Wünsche und Vorstellungen auf eine Frau des Mittelalters zu projizieren; es geht vielmehr darum, sich von ihr inspirieren und zum geistlichen und seelischen Wachstum verleiten zu lassen. Wirkliche Begegnung mit Hildegard ereignet sich überall dort, wo sie als spirituelle Lehrerin wahrgenommen wird. Denn in dieser Funktion kamen und kommen alle Facetten ihres Werkes und ihres Wirkens zum Tragen.

Heilige Hildegard

Nicht ohne Grund steht die Wahrnehmung Hildegards als Heilige am Ende des Überblicks über die Rezeptionsgeschichte. Die Volksfrömmigkeit, die sich mit Hildegard von Bingen verband und verbindet, ist weniger gut dokumentiert als die theologischen Diskurse oder die medialen Hypes, die sich ihrer Werke oder ihres als werbeträchtig empfundenen Namens bedienen. Man könnte ein wenig zugespitzt sagen, dass Hildegard zu den bekanntesten Heiligen gehört, gleichzeitig aber am wenigsten als Heilige verehrt worden ist. Dies bedeutet keineswegs, dass sie weniger wertgeschätzt worden ist. Die Debatten des Mittelalters und der Reformationszeit, in denen man sie als Gewährsfrau für die verschiedensten Standpunkte heranzog, belegen eindrucksvoll, welch herausragende Stellung man ihr – obwohl sie damals noch nicht in diesen Rang erhoben worden war – als Kirchenlehrerin zubilligte. Wurde sie als Theologin europaweit zur Kenntnis genommen, blieb ihre Verehrung als Heilige ein regionales Phänomen. Der Beginn dieser Verehrung setzte jedoch direkt nach dem Tod der Äbtissin ein. In der Vita Hildegards schilderten die Mönche Gottfried und Theoderich, dass die Menschen von allen Seiten herbeiströmten, um Hildegard nahe zu sein. Noch vor ihrer Beisetzung wurden zwei schwerkranke Menschen geheilt, die ihren Leichnam berührten. Der Zustrom der Gläubigen, die in ihren körperlichen und seelischen Nöten den Beistand der Benediktinerin erflehten, war so immens, dass das Leben des Konventes dadurch gestört wurde.

Ganz sicher sind diese Berichte, die in der heute humoristisch anmutenden Szene gipfeln, in der der Mainzer Erzbischof es Hildegard untersagte, weiterhin Wunder zu wirken, damit ihre Schwestern wieder in Ruhe beten könnten, mehr als eine Parallelbildung zu jener Erzählung Wibert von Gemblouxs über Jutta von Sponheim, die ebenfalls unausgesetzt Wunder wirkte und schließlich vom Kapitelsaal der Mönche in die Marienkapelle umgebettet wurde.

Aber schon in den Jahrzehnten nach Hildegards Tod, als sich der Rupertsberger Konvent und das Mainzer Domkapitel um die Heiligsprechung bemühten, bleiben die Zeugnisse recht vage. Bei den Heilungsberichten fehlen fast durchweg die Namen und die Angabe der Orte und Zeitpunkte. Offenbar gab es zwei Schichten der Verehrung, die nicht miteinander kommunizierten. Die Gläubigen, die um 1228 immer noch in Scharen zu ihrem Grab pilgerten, standen nicht in Verbindung mit denjenigen, die Hildegard noch persönlich gekannt hatten und sich deshalb für ihre Kanonisation einsetzten. In den folgenden Jahrhunderten setzt sich diese Entwicklung fort. Die intellektuelle Hildegard-Rezeption hatte keine Verbindung zur volksfrommen Hildegard-Verehrung, die wohl nur im Rheingau in geringem Ausmaß erhalten blieb. Ein Beleg hierfür ist die oben erwähnte Tatsache, dass die Menschen im Umfeld des Rupertsberger Klosters zu einem wundertätigen Marienbild pilgerten, aus dem 1301 Blut geflossen ein soll und das, in einer Nische des südlichen Seitenschiffs der Klosterkirche aufgestellt, auf wunderbare Weise den Brand von 1632 überstand. Der nach Eibingen übergesiedelte Konvent hielt dieses Gnadenbild auch aus der Ferne in Ehren. Äbtissin Maria Anna Ulner von Dieburg ließ eine Gnadenkapelle bauen, in der es ausgestellt wurde, und bat die Binger Kapuziner, an jedem Samstag dort eine heilige Messe zu feiern, wofür sie jährliche Kornlieferungen aus Eibingen erhielten. Die Wallfahrt zu dieser Kapelle muss floriert haben, denn 1734 wurde dort auch eine Orgel gebaut, was bei geringer Resonanz durch die Gläubigen sicher nicht geschehen wäre.

Ein weiteres Zeugnis für eine weniger starke Verehrung Hildegards ist die Werbeaktion der Äbtissin von Eibingen, die ja mit der Edition eines Andachtsbuches die Wallfahrt zu ihrer Vorgängerin stärken wollte. Auch die Ablassbriefe, die seit dem 14. Jahrhundert von den damals in Avignon residierenden Päpsten ausgestellt und von der Mainzer Kirchenbehörde beurkundet wurden, zeigen, dass Hildegard zwar genannt wurde, aber lediglich gemeinsam mit dem Klosterpatron Rupert und nicht an vorrangiger Stelle. In der gut geführten Kirchenordnung des Binger Pfarrers Paul Herckenrath von 1680 findet sich nicht einmal ein Fest der heiligen Hildegard, und auch in der Pfarrkirche St. Martin sind keine Spuren ihrer Verehrung vor dem 19. Jahrhundert zu entdecken. Die Parallelität der Verehrung von Rupertus und Hildegard, die innerhalb des Rupertsberger Konventes gepflegt wurde, setzte sich auch im Kloster Eibingen fort. Hier versuchte man durchaus, die Menschen in der Umgebung für Hildegard zu begeistern. So ließ Äbtissin Maria Antonetta Müll von Ulmen 1712 Vitenbilder von Rupertus und Hildegard in der Kirche anbringen, die in zwölf und zehn Bildern das Leben der beiden Heiligen in Form einer Biblia pauperum erzählten. Hier wurde Hildegard als Äbtissin und Autorin präsentiert.

Das einzige Zeugnis einer Verehrung Hildegards außerhalb des Rhein-Nahe-Gebietes ist ein Wandgemälde, das sich in der Liebfrauenkirche von Oberwesel befindet und Hildegard mit ihrem Äbtissinnenstab und einem geöffneten Buch darstellt. Hier wird also ebenfalls ihr Leben als Klosterfrau und Autorin in den Vordergrund gestellt. Bemerkenswert ist, dass die Hildegard-Verehrung gerade in dem Moment wieder erstarkte, als das Kloster in Eibingen im Zuge der Säkularisation endgültig aufgehoben wurde. Mit der Übergabe der Reliquien an die Pfarrei übernahmen der jeweilige Pfarrer und die Gemeinde gewissermaßen die Verantwortung für die Verehrung „ihrer" Heiligen. Auf der anderen Rheinseite engagierten sich die Rochusbruderschaft, die die Inneneinrichtung der Eibinger Klosterkirche für ihre Kapelle übernommen hatte, und der Pfarrer von St. Martin in Bingen, Adam Wagner, gemeinsam mit Pfarrer Ludwig Schneider von Eibingen für die Belebung der Verehrung Hildegards. Ihr Engagement stand im Zeichen der katholischen Restaurationsbewegung, die sich von den Frömmigkeitsformen der Vergangenheit zu einem neu erblühenden kirchlichen Leben in der Gegenwart inspirieren lassen wollte. In diesem Zusammenhang feierten die Diözesen Limburg, Mainz und Trier am 11. September 1857 erstmals das Hildegardisfest. Was bis zur Aufhebung von Kloster Eibingen ein Fest des Konventes gewesen war, wurde nun ein Fest der ganzen Bevölkerung. Auch die Initiative des Limburger Bischofs, die zur Erforschung der Echtheit der Reliquien führte, ist nicht zu unterschätzen.

Wichtige Impulse erhielt die Hildegard-Rezeption durch die Neugründung der Abtei St. Hildegard oberhalb des alten Eibinger Klosters. Hier legten Maura Böckeler, Adelheid Simon, Marianna Schrader, Adelgundis Führkötter, Angela Carlevaris, Caecilia Bonn und heute Maura Zátonyi mit ihren wissenschaftlichen Arbeiten die Grundlage für eine durch Fakten gesicherte und von spirituellem Verständnis getragene Hildegard-Rezeption. Ganz sicher aber förderten die Jubiläumsjahre 1879, 1929, 1979, 1998 und das Jahr der offiziellen Heiligsprechung und Erhebung zur Kirchenlehrerin 2012 neben dem intellektuellen, theologischen und historischen Interesse auch die Verehrung Hildegards.

Hildegard über Hildegard

Wer Hildegard wirklich kennen lernen und verstehen will, darf nicht an der facettenreichen Außenseite ihres reichhaltigen Werkes stehen bleiben. Diese Sicht auf die Außenseite lädt, das zeigt die Rezeptionsgeschichte ganz eindeutig, dazu ein, die je eigenen Wünsche und Vorstellungen auf Hildegard zu projizieren. Deshalb möchte ich zum Abschluss dieser Biografie Hildegard selbst zu Wort kommen lassen. Da, wo sie in ihren theologischen Schriften, in ihrer Autobiografie oder in ihrem Briefwechsel von sich selbst spricht, kommt sie uns ganz persönlich nahe. Wir erleben sie gewissenmaßen aus der Innenschau und können spüren, wie es ihr damit ging, dass sie als kleines Kind plötzlich Visionen hatte, wie sich ihre Selbstwahrnehmung als Erwachsene veränderte und wie sie zu einer reifen Form der Christusbegegnung fand. In ihrer Autobiografie und im Scivias beschreibt sie die Ängste und Zweifel, die sie als Kind erlebte: „In meinem dritten Lebensjahr sah ich ein so großes Licht, dass meine Seele erbebte, doch wegen meiner Kindheit konnte ich mich nicht darüber äußern." Weiter heißt es: „Die Kraft und das Mysterium verborgener, wunderbarer Gesichte erfuhr ich geheimnisvoll in meinem Innern seit meinem Kindesalter, das heißt seit meinem fünften Lebensjahre, so wie auch heute noch." „Manches erzählte ich einfach, sodass die, die es hörten, sich sehr wunderten, woher es käme und von wem es sei. Da wunderte ich mich auch selbst, dass ich, während ich tief in meiner Seele schaute, doch auch das äußere Sehvermögen behielt und dass ich dies von keinem anderen Menschen hörte. Darum verbarg ich die Schau, die ich in meiner Seele sah, so gut ich konnte. Viele äußere Dinge erfuhr ich nicht wegen der häufigen Erkrankungen, an denen ich von der Muttermilch bis jetzt gelitten habe, die meinen Leib schwächten, sodass meine Kräfte nachließen. Als ich davon erschöpft war, versuchte ich, von meiner Amme zu erfahren, ob sie, abgesehen von den äußeren Dingen, irgendetwas sähe. Und sie erwiderte: ‚Nichts', weil sie nichts dergleichen sah. Da wurde ich von großer Furcht ergriffen und wagte nicht, dies irgendjemandem zu offenbaren."

In der Vita findet sich aber auch eine Beschreibung visionären Erlebens, die in ihrer Intimität den Erfahrungen der Mystikerinnen des 13. Jahrhunderts wie Mechthild von Magdeburg oder Gertrud von Helfta ähnelt: „Einige Zeit später sah ich eine geheimnisvolle, wunderbare Schau, sodass ich zuinnerst erschüttert wurde und die Empfindungen meines Körpers erloschen. Denn mein Bewusstsein wurde derart gewandelt, als ob ich mich selbst nicht mehr kennte. Und wie sanfte Regentropfen träufelte es aus dem Hauche Gottes in das Erkennen meiner Seele, so wie der Heilige Geist den Evangelisten Joannes erfüllt hat, als er an Jesu Brust die tiefgründige Offenbarung empfing." An diese Schilderung anschließend, entwickelt Hildegard eine in der Schau empfangene Exegese des Johannesprologes. Es ist bezeichnend für ihre christozentrische Theologie, dass sie gerade in Bezug auf diese zentrale Stelle des Neuen Testamentes eine Erfahrung macht, die sie mit der des Jesus eng verbundenen Jüngers Johannes vergleicht, während sie an anderen Stellen ihres Werkes, wie z. B. dem „Liber divinorum operum“, eher eine Identifikation mit Paulus erkennen lässt, der, wie sie, Jesus nicht als Mensch begegnet ist, sondern von ihm in einer Lichtvision in den Dienst genommen wurde.

Eine nur sie selbst und nicht ihren Auftrag meinende Vision hat Hildegard nach der Heilung der psychisch kranken Frau Sigewiza, in deren Folge sie 40 Tage lang schwer erkrankt war. Sie schreibt: „Der Schönste und Innigstgeliebte erschien mir in einer wahren Schau. Er erfüllte mich mit solch starkem Trost, dass mein Innerstes bei seinem Anblick wie von Balsamduft durchströmt wurde. Da jubelte ich vor großer, unermesslicher Freude und wünschte sehnlichst, ihn immer anzuschauen. Er gebot meinen Quälgeistern, von mir zu weichen, und sprach: ‚Fort mit euch, ich will nicht, dass ihr sie länger so peinigt!‘“

Und im „Liber Scivias“ hört Hildegard den auf dem Thron Sitzenden, also Gott, sprechen: „O wie schön sind deine Augen, wenn du göttliche Dinge kundtust, während sich dabei die Morgenröte des göttlichen Ratschlusses erhebt!“

Die ausführlichste und offenste Darstellung der Gabe der Schau durch Hildegard enthält der Briefwechsel mit Wibert von Gembloux. Die Schriften Hildegards und ihr Ruf hatten sein Interesse geweckt, und so schreibt er ihr: „Weil ... ich ein inclausurierter Mönch bin und keinerlei Gelegenheit oder Erlaubnis sich bietet, um mit dir persönlich über das zu sprechen, was ich brennend gern von dir selbst erfahren möchte, so bitte ich, du wollest dem, was ich durch die Überbringerin dieses Briefes vertraulich mitteile, deine ganze Aufmerksamkeit schenken ... Ich bitte dich bei der Milde des allmächtigen Gottes, du wollest mich zu deinen Vertrauten zählen und mir nicht verübeln, dass ich allzeit deiner eingedenk bin.“ Hildegard hat dieser Bitte in überraschender Offenheit entsprochen. Sie schildert den nichtekstatischen Charakter ihrer Visionen ähnlich wie im ersten Teil des „Liber Scivias“. „Ich aber“, so schreibt Hildegard, „bin ständig von zitternder Furcht erfüllt. Denn keine Sicherheit irgendeines Könnens entdecke ich in mir. Doch strecke ich meine Hände zu Gott empor, damit ich von ihm gehalten werde, wie eine Feder, die ohne jedes Gewicht von Kräften sich vom Wind dahinwehen lässt. Das, was ich schaue, kann ich nicht vollkommen wissen, solange ich in der Dienstbarkeit des Leibes und der unsichtbaren Seele bin; denn an beidem besteht beim Menschen ein Mangel … Das Licht, das ich schaue, ist nicht an den Raum gebunden. Es ist viel, viel lichter als eine Wolke, die die Sonne in sich trägt. Weder Höhe noch Länge, noch Breite vermag ich an ihm zu erkennen. Es wird mir als der ‚Schatten des lebendigen Lichtes' bezeichnet. Und wie Sonne, Mond und Sterne in Wassern sich spiegeln, so leuchten mir Schriften, Reden, Kräfte und gewisse Werke der Menschen in ihm auf … In diesem Licht sehe ich zuweilen aber nicht oft ein anderes Licht, das mir das ‚lebendige Licht' genannt wird. Wann und wie ich es schaue, kann ich nicht sagen. Aber solange ich es schaue, wird alle Traurigkeit und alle Angst von mir genommen, sodass ich mich wie ein einfaches junges Mädchen fühle und nicht wie eine alte Frau …"

Zeittafel

1098	Geburt in Bermersheim als zehntes Kind von Mechthild und Hildebert, adelig
1106	Beginn des Lebens mit der vierzehnjährigen Jutta auf Burg Sponheim, geistliche Erziehung und Grundausbildung
1112	Gelübde als Benediktinerin in der Frauenklause von Disibodenberg vor Bischof Otto von Bamberg
1136	Wahl zur Nachfolgerin Juttas als Äbtissin
1141	Berufungsvision – Beauftragung zur Veröffentlichung
1141–51	Arbeit am „Liber Scivias"
1147	Öffentliche Anerkennung auf der Synode in Trier
1150	Übersiedlung mit 20 Nonnen auf den Rupertsberg
1151–58	Arbeit an der Natur- und Heilkunde, Redaktion der Kompositionen
1152	Weihe der Klosterkirche auf dem Rupertsberg
ca. 1158–61	Erste Predigtreise nach Mainz, Würzburg und Bamberg
1158–63	Arbeit am „Liber vite meritorum", der ethischen Schrift Hildegards
ca. 1160	Zweite Predigtreise u. a. nach Trier und Metz
ca. 1161–63	Dritte Predigtreise u. a. nach Boppard, Andernach und Köln
1163–1173	Arbeit am „Liber divinorum operum", der Kosmosschrift Hildegards
1164	Gründung des zweiten Klosters in Eibingen, in das auch nichtadelige Frauen aufgenommen wurden
ca. 1170	Vierte Predigtreise u. a. nach Maulbronn und Hirsau
1178	Konflikt mit der Mainzer Kirchenbehörde, Interdikt
1179	Hildegard stirbt am 17. September im Kloster Rupertsberg

ca. 1233–37	Das Heiligsprechungsverfahren für Hildegard scheitert
1632	Im Dreißigjährigen Krieg wird das Kloster Rupertsberg zerstört
1814	Im Zuge der Säkularisation müssen die Benediktinerinnen das Kloster in Eibingen verlassen
1855	Neuausgabe von Hildegards Schriften in Paris
1879	700. Todestag Hildegards
1904	Prager Benediktinerinnen besiedeln die neu errichtete Abtei St. Hildegard
1979	Die Arbeitsgemeinschaft katholischer Frauenverbände in Deutschland schlägt anlässlich des 800. Todestages vor, Hildegard zur Kirchenlehrerin zu erheben
1998	900. Geburtstag Hildegards
2012	Hildegard wird durch Papst Benedikt XVI. offiziell heiliggesprochen und zur Kirchenlehrerin ernannt

Verwendete Literatur

Quellen

Hildegard von Bingen, Bd. 1: Wisse die Wege – Liber Scivias, Beuroner Kunstverlag, Beuron 2010.

Hildegard von Bingen, Bd. 2: Ursprung und Behandlung der Krankheiten – Causae et Curae, Beuroner Kunstverlag, Beuron 2011.

Hildegard von Bingen, Bd. 3: Das Leben der hl. Hildegard – Vita, Beuroner Kunstverlag, Beuron 2013.

Hildegard von Bingen, Bd. 4: Lieder – Symphoniae, Beuroner Kunstverlag, Beuron 2012.

Hildegard von Bingen, Bd. 5: Heilsame Schöpfung. Die natürliche Wirkkraft der Dinge – Physica, Beuroner Kunstverlag, Beuron 2012.

Hildegard von Bingen, Bd. 6: Das Buch vom Wirken Gottes – Liber divinorum operum, Beuroner Kunstverlag, Beuron 2012.

Hildegard von Bingen, Bd. 8: Briefe – Epistolae, Beuroner Kunstverlag, Beuron 2012.

Hildegard von Bingen, Der Mensch in der Verantwortung, Otto Müller Verlag, Salzburg 1985.

Sekundärliteratur

Angenendt, Arnold: Das Frühmittelalter, Kohlhammer, Stuttgart 1990.

Ders.: Heilige und Reliquien, Beck, München 1997.

Balthasar, Hans Urs von; Beyerwaltes, Werner; Haas, Alois Maria: Grundfragen der Mystik, Johannes Verlag, Einsiedeln 1974.

Agustoni, Luigi; Göschl, Johannes Berchmans: Einführung in die Interpretation des Gregorianischen Chorals, Bd. 1, Bosse, Regensburg 1987; Bd. 2, Bosse, Regensburg 1992.

Rainer Berndt (Hg.): „Im Angesicht Gottes suche der Mensch sich selbst“, Akademie Verlag, Berlin 2001.

Ders.; Zatony, Maura: Glaubensheil. Wegweisung ins Christentum gemäß der Lehre Hildegards von Bingen, Aschendorff, Münster 2013.

Beuys, Barbara: Denn ich bin krank vor Liebe. Das Leben der Hildegard von Bingen, Hanser, München 2001.

Boeing, Robert: Music and Mysticism in Hildegard von Bingens O ignis spiritus paracliti. In: Studia mystica 9/1986, 60–72.

Brück, Arno (Hg.): Hildegard von Bingen – 1179–1979. FS zum 800. Todestag der Heiligen, Gesellschaft für mittelrheinische Kirchengeschichte, Mainz 1979.

Forster, Edeltraud (Hg.): Hildegard von Bingen, Prophetin durch die Zeiten. FS zum 900. Geburtstag, Herder, Freiburg 1998.

Chávez-Alvarez, Fabio: Die brennende Vernunft – Studien zu Semantik der „rationalitas“ bei Hildegard von Bingen. Stuttgart-Bad Cannstatt 1991.

Diers, Michaela: Hildegard von Bingen, dtv, München 1998.

Dronke, Peter: Hildegard of Bingen as poetess and dramatist. The text of the Ordo Virtutum. In: Poetic individuality in the Middle Ages. Clarendon, Oxford 1970.

Duby, Georges: Europa im Mittelalter, Klett-Cotta, Stuttgart 1986.

Ders.: Die Zeit der Kathedralen. Kunst und Gesellschaft 980–1420, Suhrkamp, Frankfurt a. M. 1992.

Ders.; Perrot, Michelle: Geschichte der Frauen, Bd. 2 Mittelalter, Campus, Frankfurt a. M. 1993.

Embach, Michael: Die Schriften Hildegards von Bingen. Studien zu ihrer Überlieferung und Rezeption im Mittelalter und in der frühen Neuzeit, Akademie Verlag, Berlin 2003.

Ginn, Bernhard Mc; Leclercq, Jean (Hgg.): Geschichte der christlichen Spiritualität, Bd. 1. Von den Anfängen bis zum 12. Jahrhundert, Echter, Würzburg 1993.

Gössmann, Elisabeth: Hildegard von Bingen. Versuche einer Annäherung. Judicium, München 1995.

Gülke, Peter: Mönche, Bürger, Minnesänger. Musik in der Gesellschaft des europäischen Mittelalters, Koehler und Amelang, Leipzig 1980.

Jeck, Udo Reinold; Flasch, Kurt: Das Licht der Vernunft. Die Anfänge der Aufklärung im Mittelalter, Beck, München 1997.

Haverkamp, Alfred (Hg.): Hildegard von Bingen in ihrem historischen Umfeld. Mainz 2000.

Kastinger Riley, Helene: Hildegard von Bingen. Rowohlt, Hamburg 2011.

Konermann, Bernward (Hg.): Hildegard von Bingen. Ordo Virtutum – Spiel der Kräfte. Pattloch, Augsburg 1991.

Lautenschläger, Gabriele: Hildegard von Bingen – Die theologische Grundlegung ihrer Ethik und Spiritualität, Frommann und Holzboog, Stuttgart-Bad Cannstatt 1993.

Morent, Stefan; Richert-Pfau, Marianne: Der Klang des Himmels. Hildegard von Bingen als Komponistin, Böhlau, Köln/Weimar 2005.

Newman, Barbara: Schwester der Weisheit, Herder, Freiburg 1995.

Pernoud, Régine: Hildegard von Bingen. Ihre Welt. Ihr Wirken. Ihre Visionen. Herder, Freiburg 1996.

Riedel, Ingrid: Hildegard von Bingen – Prophetin der kosmischen Weisheit, Kreuz, Stuttgart 1994.

Schipperges, Heinrich: Der Garten der Gesundheit. Medizin im Mittelalter, dtv, München 1990.

Ders.: Die Kranken im Mittelalter, Beck, München 1990.

Ders.: Hildegard von Bingen, Beck, München 1995.

Ders.: Geheimnisvoller Edelstein, Herder, Freiburg 1997.

Ders.: Die Welt der Hildegard von Bingen, Herder, Freiburg 1997.

Schmidt, Margot: Tiefe des Gottwissens, Schönheit der Sprachgestalt bei Hildegard von Bingen. Mystik in Geschichte und Gegenwart, Frommann und Holzboog, Stuttgart-Bad Cannstatt 1995.

Stühlmeyer, Barbara: Die Gesänge der Hildegard von Bingen, Olms, Hildesheim 2003.

Dies.: In einem Meer von Licht. Heilende Gesänge der Hildegard von Bingen, Butzon und Bercker, Kevelaer 2004.
Dies.: Tugenden und Laster. Wegweisung im Dialog mit Hildegard von Bingen, Beuroner Kunstverlag, Beuron 2012.
Dies.: Die Geheimschrift. Mit Hildegard von Bingen auf Spurensuche, Verlag Haus Altenberg, Düsseldorf und Butzon und Bercker, Kevelaer 2013.
Dies.: Wege in sein Licht. Eine spirituelle Biografie über Hildegard von Bingen, Beuroner Kunstverlag, Beuron 2013.
Sudbrack, Josef: Hildegard von Bingen. Schau der kosmischen Ganzheit. Echter, Würzburg 1995.
Ullmann, Walter: Individuum und Gesellschaft im Mittelalter, Vandenhoeck & Ruprecht, Göttingen 1974.
Zatony, Maura: Vidi et intellegxi. Die Schrifthermeneutik in der Visionstrilogie Hildegards von Bingen. Aschendorff, Münster 2012.
Dies.: Hildegard von Bingen. Die Auslegung der Regel Benedikts, Paulinus, Trier 2003.
Ziegler, Gabriele: Der Weg zur Lebendigkeit nach dem Ordo Virtutum der hl. Hildegard von Bingen, Vier Türme, Münsterschwarzach 1993.